Kaninchen

Kaninchen
artgerecht halten, pflegen und verstehen

Sonja Tschöpe

Impressum
Copyright © 2011 by Cadmos Verlag GmbH, Schwarzenbek
Gestaltung und Satz: jb:design – Johanna Böhm, Dassendorf
Lektorat: Maren Müller
Coverfoto: tierfotoagentur.de/Ramona Richter
Fotos im Innenteil: animals-digital.de, Diana von Droste, fotonatur.de, Sven Hümpel, Inga Klaedtke, schanz-fotodesign.de, tierfotoagentur.de, Sonja Tschöpe, Patrick Vogel
Zeichnung: Lisa-Marie Schmidt
Druck: Westermann Druck, Zwickau

Deutsche Nationalbibliothek – CIP-Einheitsaufnahme
Die Deutsche Nationalbibliothek verzeichnet diese Publikation in der Deutschen Nationalbibliografie; detaillierte bibliografische Daten sind im Internet über http://dnb.ddb.de abrufbar.

Alle Rechte vorbehalten.

Abdruck oder Speicherung in elektronischen Medien nur nach vorheriger schriftlicher Genehmigung durch den Verlag.

Printed in Germany

ISBN 978-3-8404-4009-0

Vorwort 8

Das Kaninchen im Porträt 9
Systematik 10
Herkunft und Verbreitung 10
    Landplage 10
Lebensweise 11
    Fortpflanzung 12
    Feinde 13
Feldhase und Kaninchen im Vergleich 13
Unser Hauskaninchen 14
    Rassekaninchen 15
    Anatomie und Physiologie 16
    Sinnesorgane 19

Herzlich willkommen, Langohr! 20
Erste Gedanken 20
Kuscheltier oder Zappelphilipp? 21
Kind und Kaninchen 21
Eins plus eins gleich nie allein 21
    Zweckgemeinschaften 22
Kosten 23
Woher nehmen? 23
Welches Kaninchen soll ich nehmen? 24
    Wer passt zu wem? 25
Vor dem Einzug 26
    Erster kleiner Gesundheitscheck 27
    Geschlechtsbestimmung 27
Die ersten Tage im neuen Zuhause 28
    Quarantäne und Tierarztcheck 28
Zusammenführung 29
    Erste Begegnung 31
    Schwierige Vergesellschaftung 32
    Umzug an den Endplatz 32
    Kein Friede in Sicht 32

Das Langohr-Traumzuhause 33
Innenhaltung 34
    Innengehege 35
    Kaninchenzimmer 36
    Uneingeschränkter Freilauf in der Wohnung 36
Balkonhaltung 37
Außenhaltung 37
    Ganzjähriges Leben im Gehege 38
    Freilandhaltung 41
    Zeitweise Gartenausflüge 41
Einrichtung 42
    Futter- und Wassernapf 42
    Heubehältnis 42
    Toilettenkiste 43
    Unterschlupf 44
    Tunnel 44
    Buddelkiste 44

Naturnahe Ernährung – guten Appetit! 45
Frisches Grün 46
    Das schmeckt den Kaninchen 46
Heu 46
Gemüse und Obst 47
    Das schmeckt den Kaninchen 47
Samen 48
    Das schmeckt den Kaninchen 48
Getreide 48
Trinkwasser 48
Rationiert oder ad libitum? 48
    Futtermenge 49
Futterumstellung 49
Überflüssige Kaninchenkost 49
    Trockengemüse/-obst 50
    Pellets 50

Inhalt

  Nagerpralinen, Knabberstangen & Co. 50
  Brot 50

Zusammenleben mit Kaninchen 51
Mit Kaninchen durch das Jahr 52
  Frühling 52
  Sommer 53
  Herbst 53
  Winter 53
Kaninchen verstehen 53
  Komfortverhalten 53
  Sozialverhalten 54
  Erkundungs- und Revierverhalten 54
  Fluchtverhalten 55
  Sexualverhalten, (Schein-)Trächtigkeit 55
  Kaninchengeräusche 56
Beschäftigung 57
  Erkundungstour 57
  Fütterung mal anders 57
  Kaninchen, hüpf! 57

Gesundheit und Pflege 58
Wellness für Langohren 59
  Bürsten 59
  Krallen schneiden 59
  Baden 60
Hygienemaßnahmen 60
Impfungen 61
  Kaninchenschnupfen 61
  Myxomatose 62
  RHD (Rabbit Hemorrhagic Disease) 62

Krankes Langohr – was nun? 63
Tierarztwahl 64
Der Gang zum Tierarzt 64
Vorsorge und Erste Hilfe bei
Gesundheitsproblemen 65
  Zahnerkrankungen 65

  Abszesse 66
  Verdauung 66
  Fliegenmaden 67
  Atemwegsinfektionen 67
  Enzephalitozoonose 67
  Blasen-/Nierenerkrankungen 68
  Hitzschlag 69
  Sohlengeschwüre 69
  Hauterkrankungen 69
Patientenversorgung 69
  Medikamentengabe 70
  Operationen 70
  Zwangsernährung 71
  Partnertiere 71

Nachwuchs 72
Paarung und Tragezeit 72
  Nestbau 73
Geburt 73
Aufzucht 74
Abgabe 74
Scheinträchtigkeit 74

Kaninchen im Ruhestand 75
Dinner für Oldies 76
Altersgerechter Lebensraum 76
In der Ruhe liegt die Kraft 77
Abschied nehmen 77

Anhang 78
Literatur 78
Empfehlenswerte Internetseiten 78
  Kanincheninformationen 78
  Kaninchenforum 78
  Kaninchenzubehör 78
  Kaninchenschutzorganisationen 78
Danksagung 78
Stichwortregister 79

Vorwort

Zwei lange Ohren, ein Wackelnäschen und ein Puschelschwänzchen – Kaninchen sind in den Fünfzigerjahren als Familienmitglieder in unsere Haushalte gehoppelt und haben Herzen erobert. Seit Jahren teilen sie sich mit Meerschweinchen, Hamster & Co. den dritten Platz der in Deutschland beliebtesten Haustiere, direkt hinter Hund und Katz *(Quelle: Industrieverband Heimtierbedarf e. V. IVH).*

Kaninchen Bino mit der Autorin. (Foto: Hümpel)

Im Lauf der letzten Jahre hat sich im Zusammenleben mit den Langohren sehr vieles verändert. Zum Glück! Wer erinnert sich nicht an meist einzeln gehaltene Kaninchen in dunklen, engen Buchten oder viel zu kleinen Gitterkäfigen und an prall mit buntem Trockenfutter gefüllte Näpfe?

Aufgrund schlechter Literatur zu diesem Thema und mangelhafter Beratung hielt auch ich mein erstes Kaninchen leider genauso. Warum sollte es sich einsam fühlen, wenn ich mich doch täglich mit ihm beschäftigte? Lange wunderte ich mich über wiederkehrende Verdauungsprobleme und weitere Krankheiten, unter denen es litt. Doch wie sollte das, was ich tagtäglich in Form von Trockenfutter anbot, schädlich sein? Es wurde schließlich verkauft und auf der Verpackung stand der Hinweis, dass es hochwertig sei.

Manchmal muss man nur hinaus in die Natur blicken, sich bewusst machen, wie Wildkaninchen leben, und sich dann fragen: „Wenn das Hauskaninchen vom Wildkaninchen abstammt, warum sind die Ernährung mit ausschließlich frischer Kost und die Unterbringung in einem geräumigen Gehege mit mindestens einem Artgenossen so abwegig?" Nur weil es in irgendeinem veralteten Buch anders beschrieben ist? Nur weil es das Umfeld übertrieben findet, hier etwas zu ändern?

Ich habe die Haltung meiner Kaninchen weitestgehend an ihre natürlichen Bedürfnisse angepasst, wurde belächelt und ernte auch heute noch den einen oder anderen verwunderten Kommentar dazu, wie viel Platz meinen Tieren zur Verfügung steht und welche Versorgung sie erhalten. Mein eigener Vergleich der jetzigen mit der bisherigen Haltungsform zeigt mir jedoch sehr deutlich, dass es gut war, diesen Weg zu gehen.

Das Zusammenleben mit Tieren ist nichts Starres, nichts Endgültiges! Dieser Ratgeber soll Ihnen dabei helfen, das Verhalten und die Bedürfnisse der zauberhaften Langohren besser zu verstehen und bei Bedarf anzupassen.

Ich wünsche Ihnen von Herzen viel Freude mit Ihren gesunden und zufriedenen Kaninchen.

Alles Liebe, Sonja Tschöpe

Kaninchen sind anspruchsvolle Gefährten. (Foto: Vogel)

Das Kaninchen im Porträt

Seit Kaninchen als Haustiere gehalten werden, wurde schon vieles über ihre Haltung, Ernährung und Pflege niedergeschrieben. Besonders für neue Kaninchenhalter ist es oft schwer, aus dieser Fülle von Informationen herauszufiltern, was das Beste für das geliebte Langohr ist. Ein Blick zu den wilden Verwandten lässt vieles leichter verstehen und macht sehr schnell deutlich, wie man das Zusammenleben mit Kaninchen möglichst tiergerecht gestalten kann.

Das Kaninchen im Porträt

Klasse:	Säugetiere
Ordnung:	Hasenartige (Lagomorpha)
Familie:	Hasenartige (Leporidae)
Gattung:	Eigentliche Kaninchen (Oryctolagus)

Systematik

Kaninchen sind Säugetiere und gehören zur Ordnung der Hasenartigen (Lagomorpha) und nicht, wie häufig angenommen, zur Ordnung der Nagetiere (Rodentia).

Das als Haustier lebende Kaninchen (Oryctolagus cuniculus f. domestica) ist die domestizierte Form des Europäischen Wildkaninchens (Oryctolagus cuniculus). Aufgrund ihrer Größe werden insbesondere die kleinwüchsigen, bis maximal zwei Kilogramm leichten Kaninchen als Zwergkaninchen bezeichnet. Korrekter wäre jedoch der Titel Hauskaninchen, unter den alle als Haustiere lebenden Kaninchen fallen, egal wie leicht oder schwer sie sind.

Wildkaninchen und Hasen werden den Doppelzähnern (Duplicidendata) zugeordnet, da sie hinter den sichtbaren Nagezähnen je einen stiftförmigen zweiten Zahn besitzen.

> **Wissenswert**
> Das „echte" Zwergkaninchen (Brachylagus idahoensis) ist eine wild lebende Art aus dem Nordwesten der USA, die sehr eng mit dem Baumwollschwanzkaninchen (Sylvilagus) verwandt ist.

Herkunft und Verbreitung

Ursprünglich stammen Kaninchen aus Mitteleuropa und wurden bereits im Mittelalter auf der Iberischen Halbinsel entdeckt. Bevor sie als Hauskaninchen in den Fünfzigerjahren den Weg in die Kinderzimmer fanden, wurden sie hauptsächlich als Nutztiere gehalten. Sie dienten als Fleisch- und Pelzlieferanten. Die Handelsreisenden und Entdecker konnten die Kaninchen dank ihrer geringen Größe sehr einfach transportieren und somit rund um den Globus mitnehmen. Da sie sich sehr schnell vermehrten, hatten die Reisenden stets genügend Fleisch und Pelz bei sich. Per Schiff gelangten die Kaninchen so in ferne Länder und konnten sich auch in Gebieten ausbreiten, in denen es sie ursprünglich nicht gab.

In freier Natur kann man Wildkaninchen in vielen Teilen Europas sowie in Nord- und Südamerika, Teilen Südafrikas, Neuseeland und Australien antreffen.

Landplage

Nicht überall wurde die Einfuhr von Europäischen Wildkaninchen als etwas Positives gewertet, so zum Beispiel in Australien: Um 1788 wurde aus ungefähr zwei Dutzend eingeführten Kaninchen sehr bald eine Landplage. Sie fraßen den einheimischen Tieren das Futter weg und bedienten sich auf den Feldern der Einwohner. Da natürliche Feinde fehlten, konnten sie sich rasant vermehren. Sämtliche Versuche, die Zahl der Tiere zu verringern, sei es durch Erschießen, Aufstellen von Fallen oder Vergiften, schlugen fehl. Anfang des 20. Jahrhunderts wurde der Bestand auf mehrere 100 Millionen Tiere geschätzt. Die Einwohner

Aus zwei mach viele – Wildkaninchen vermehren sich schnell und können zu einer regelrechten Landplage werden. (Foto: fotonatur.de/Juliane Meyer)

halfen sich, indem sie in den Fünfzigerjahren das Myxomatose-Virus verbreiteten und so die Anzahl an Wildkaninchen drastisch reduzieren konnten. Allerdings wuchs die Population nach Abklingen der Seuche erneut, und bis heute versuchen die Australier mit unterschiedlichen Methoden, die Kaninchenbestände unter Kontrolle zu halten.

Lebensweise

Wildkaninchen leben in sozialen Verbänden unterschiedlicher Größe. Häufig sind es mehrere Rammler mit weiblichen Tieren und dem gemeinsamen Nachwuchs, die eine Sippe von etwa zehn oder sogar deutlich mehr Kaninchen bilden. Sie bewohnen meist selbst gegrabene, unterirdische Baue, die bis zu 45 Meter lang sein können und in der Regel mehrere Ausgänge ins Freie haben. Ihre Anpassungsfähigkeit und ihr Lernvermögen lassen es aber auch zu, dass sie oberirdisch leben und dann dichtes Gestrüpp und unübersichtliches Gelände als Rückzugsort wählen. Oft sind Wildkaninchen am Stadtrand nahe Feldern und Gärten heimisch, ebenso in Stadtparks und auf Friedhöfen. Sie bevorzugen trockene Gebiete.

Obwohl die anbrechende Dämmerung manchen Wildkaninchen sicherer erscheint, verlassen viele ihr geschütztes Versteck auch tagsüber, um Nahrung zu sich zu nehmen. Sie bleiben jedoch in der Nähe ihres Zufluchtsortes, um sich bei Gefahr blitzschnell in Sicherheit bringen zu können. Ihr Siedlungsplatz ist übersichtlich. Sie nutzen etwa 200 Meter um ihren Hauptbau herum und erweitern diesen Radius zur Nahrungssuche auf bis zu 600 Meter.

Wildkaninchen ernähren sich von verschiedensten Pflanzen. Dies sind von Frühjahr bis Spätherbst insbesondere diverse Gräser, Wildkräuter, Zweige mit Blattwerk, Rinde, Wurzeln, Samen sowie Feldfrüchte. Während der Wintermonate fressen sie trockene Halme und Laub sowie Rinde. Auf den jahreszeitlichen Wechsel sind sie gut eingestellt, und durch eine sehr gute Futterverwertung kommen sie selbst durch magere Zeiten, ohne Mangel leiden zu müssen.

Im Frühjahr, wenn das erste Grün sprießt, markieren die ranghohen Rammler der Sippe das Revier. Sie reiben dazu ihr Kinn an Pflanzen und Gegenständen in ihrem Lebensraum. Verstärkt werden kann diese Markierung durch Absetzen von Harn und Kot.

Fortpflanzung

Im Frühjahr beginnt auch das Werben um die Häsinnen. Zwischen Frühling und Herbst wird vier- bis sechsmal das Paarungsspiel abgehalten. Etwa einen Monat nach der erfolgreichen Verpaarung gebärt die Häsin drei bis vier Jungtiere in einem von ihr eigens für den Nachwuchs errichteten Bau (Satzröhre), der meist in der Nähe des Familienbaus liegt. Die Nestmulde hat

Kaninchen haben von klein auf eine enge Bindung zueinander. (Foto: fotonatur.de/Tanja Askani)

sie in der Nacht vor der Geburt mit Fell aus ihrer Wamme (Brust) und ihrem Bauch sowie Moos und Grashalmen gut ausgepolstert. Sie säugt die Jungen, die nackt und mit geschlossenen Augen auf die Welt kommen (Nesthocker), nur einmal am Tag über vier bis sechs Wochen. Erst dann verlassen die Jungtiere erstmals das Nest. Dank ihrer Instinkte und durch Beobachtung lernen sie schnell, was sie fressen dürfen und was giftig ist. Ihre Mutter ist zu dieser Zeit bereits anderweitig beschäftigt und oft erneut trächtig, sodass die Jungtiere ihre eigenen Wege innerhalb der Sippe gehen. Solange sie noch nicht geschlechtsreif sind, gibt es wenig Probleme mit den anderen Rammlern und Häsinnen. Sind sie erwachsen, verlassen sie ihre Familie. Dann graben sie in der Nähe der Sippe einen eigenen Bau und gründen eigene Wohngemeinschaften.

Wildkaninchen können (ebenso wie Feldhasen) Geburtenkontrolle betreiben. Sind die Lebensumstände ungünstig für die Aufzucht des Nachwuchses, zum Beispiel, weil das Nahrungsangebot zu knapp ist, können die Häsinnen bereits vorhandene Föten zurückbilden.

Feinde

Zu den Feinden der Wildkaninchen zählen Greifvögel, Marder, Iltis, Fuchs, Luchs und ebenso der Mensch. Auch Hunde und Katzen können ihnen gefährlich werden, insbesondere jungen sowie alten oder kranken/geschwächten Tieren. Als Fluchttiere sind Kaninchen für Auseinandersetzungen mit den meist deutlich größeren Feinden nicht geschaffen, obwohl sie muskulöse Hinterläufe besitzen und kräftig zubeißen können. Ihre Rettung ist oft die Flucht in den nahe gelegenen Bau.

Gefahren im Alltag (Fressfeinde, Straßenverkehr, Jäger) und Krankheiten wie Myxomatose begrenzen die durchschnittliche Lebenserwartung von Wildkaninchen auf nur drei bis vier Jahre.

Feldhase und Kaninchen im Vergleich

Das Wildkaninchen ist klein und rundlich gebaut. Es hat relativ kurze Ohren. (Foto: fotonatur.de/Tanja Askani)

Der Feldhase ist sehr schlank und wesentlich größer als das Wildkaninchen. (Foto: fotonatur.de/Holger Duty)

Unterschiede zwischen Feldhasen und Wildkaninchen

	Feldhase	Wildkaninchen
Äußeres	Groß, schlank, sehr lange Ohren (12 bis 14 Zentimeter), lange, schlanke Beine, Fellfarbe Graubraun, heller Bauch	Klein, rundlich, kürzere Ohren (7 bis 8 Zentimeter), kürzere Beine, Fellfarbe Rotbraun/Erdfarben, heller Bauch
Gewicht	3 bis 6 Kilogramm	1,5 bis 2,5 Kilogramm
Lebensraum	Lauftier, offene Wiesen, Felder (offenes Lager)	Grabetier/Höhlenbewohner, Schutz bietende Gegenden mit Hügeln und sandigen Böden (Erdbau)
Sozialverhalten	Einzelgänger (außer zur Paarungszeit)	Leben in unterschiedlich großen Kolonien
Fluchtverhalten	Langstreckenläufer (bis zu 70 Stundenkilometer schnell), kein Warnsignal	Kurzstreckenläufer, Warnsignal durch „Trommeln" mit den Hinterläufen
Fortpflanzung	48 Chromosomen, 2 bis 4 Würfe pro Jahr, 1 bis 2 Jungtiere, Nachwuchs ist behaart, die Augen sind geöffnet (Nestflüchter)	44 Chromosomen, 4 bis 6 Würfe pro Jahr, 3 bis 4 Jungtiere, Nachwuchs ist nackt, blind (Nesthocker)

Bei Kaninchen und Hasen handelt es sich um zwei verschiedene Tierarten, die zwar miteinander verwandt sind, sich jedoch in vielerlei Hinsicht stark unterscheiden. Die Bezeichnung eines Kaninchens als „Hase" ist nicht korrekt. Selbst das reinrassige Hasenkaninchen und der sogenannte Stallhase gehören zu den Kaninchen und sind keine Kreuzungen aus Kaninchen und Hase. Letzteres ist aufgrund einer unterschiedlichen Chromosomenzahl genetisch bedingt unmöglich: Hasen besitzen 48 Chromosomen, Kaninchen hingegen nur 44.

Zu den Echten Hasen (Lepus) gehören der Feldhase (Lepus europaeus) und der Schneehase (Lepus timidus). Sie sind derzeit die einzigen Vertreter dieser Gattung in Mitteleuropa.

Unser Hauskaninchen

Während es Wildkaninchen und Feldhasen in jeweils nur einer Größe und Fellfarbe gibt, weisen Hauskaninchen in ihrem Aussehen eine enorme Vielfalt auf. Einige haben kurzes Fell, andere sehr

Egal ob groß oder klein, mit hellem oder dunklem Fell – alle Kaninchen sind liebenswert. (Foto: tierfotoagentur.de/Babette Schwob)

langes. Manche haben Stehohren, während andere mit herabhängenden Ohren durchs Leben hoppeln. Selbst Gewicht und Größe können sehr unterschiedlich sein. Die Bandbreite reicht von sehr kleinen, leichten Zwergen (1 Kilogramm) bis hin zu den großen schweren Rassen (9 Kilogramm).

Rassekaninchen

Um 1800 wurde mit der Rassekaninchenzucht begonnen. Laut dem Zentralverband Deutscher Rasse-Kaninchenzüchter e. V. (ZDRK) gibt es aktuell 88 anerkannte Kaninchenrassen in insgesamt 370 verschiedenen Farbschlägen, die in sieben Abteilungen gegliedert sind:

1. Große Normalhaar-Rassen: Gewicht über 5,5 Kilogramm, darunter Deutsche Riesen, Deutsche Riesenschecken, Deutsche Widder

2. Mittelgroße Normalhaar-Rassen: Gewicht bis 5,5 Kilogramm, darunter Neuseeländer, Helle Großsilber, Großchinchilla, Englische Widder, Blaue Wiener, Hasenkaninchen, Thüringer, Kalifornier, Japaner

3. Kleine Normalhaar-Rassen: Gewicht bis 3,75 Kilogramm, darunter Rhönkaninchen, Perlfeh, Holländer, Russen, Marderkaninchen, Lohkaninchen, Englische Schecken, Kleinsilber

4. Normalhaar-Zwergrassen: Gewicht bis 2 Kilogramm, darunter Zwergwidder, Hermelin, Farbzwerge, Zwergschecken

5. Haarstruktur-Rassen (Satin): Gewicht bis 4 Kilogramm, Kaninchen mit sehr

Neuseeländer gehören zu den mittelgroßen Kaninchen. Sie haben leuchtend rotes Fell.
(Foto: tierfotoagentur.de/Ramona Richter)

Russenkaninchen erkennt man leicht. Sie sind weiß mit dunklem Fell an Ohren, Pfoten, Schwanz und Nase.
(Foto: tierfotoagentur.de/Kerstin Lührs)

seidenartigem, dünnem Fell, zum Beispiel Satin-Rot, Satin-Feh, Satin-Lux

6. Kurzhaar-Rassen (Rex): Gewicht bis 4,5 Kilogramm, sehr kurze Haarlänge (maximal 20 Millimeter), zum Beispiel Dalmatiner-Rexe, Marder-Rexe, Russen-Rexe

7. Langhaar-Rassen: Mindesthaarlänge von 40 Millimeter, zum Beispiel Angora, Fuchskaninchen, Jamora

Außerdem gibt es Rassen, die vom ZDRK nicht anerkannt sind, wie Angorazwerge, Cashmere-Zwerge, Löwenkopfkaninchen, Mini-Lop, Rex-Widder, Teutozwerge und Teddyzwerge. Hier fehlen die einheitlichen Rassemerkmale und die Nachkommen sehen nicht wie die Elterntiere aus. Hinzu kommen zahlreiche Mischlinge, deren Fellzeichnung/-struktur mitunter sogar der eines Rassekaninchens gleicht, was jedoch noch lange kein reinrassiges Tier aus ihnen macht.

Reinrassige Kaninchen vom Züchter sind mit Tätowierungen in beiden Ohren gekennzeichnet. Im linken Ohr befindet sich eine Zahlenkombination. Die erste Ziffer steht für den Geburtsmonat, die nächste für das Geburtsjahr, gefolgt von einer laufenden Nummer. In das rechte Ohr wird die Kennzahl des Vereins tätowiert. Weiterhin werden die Kaninchen im Zuchtbuch des jeweils zuständigen Kaninchenzuchtvereins eingetragen.

Anatomie und Physiologie

Grundkenntnisse über anatomische Besonderheiten und die Organfunktionen von Kaninchen sind nötig, um die Bedürfnisse der Tiere besser zu verstehen. Hier das Wichtigste im Überblick:

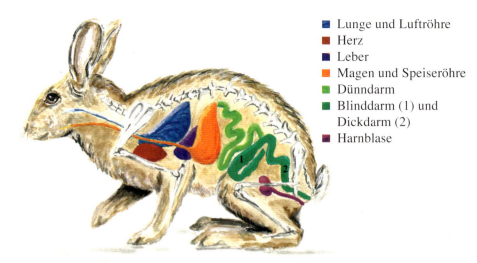

Die inneren Organe des Kaninchens im schematischen Überblick.

- Lunge und Luftröhre
- Herz
- Leber
- Magen und Speiseröhre
- Dünndarm
- Blinddarm (1) und Dickdarm (2)
- Harnblase

Das Kaninchen im Porträt

Herz: Die physiologische Herzfrequenz liegt zwischen 150 und 300 Schlägen pro Minute. Ein genaues Zählen des Herzschlags ist nur schwer möglich.

Atmung: Sie erfolgt über die Nasenöffnungen (Atemfrequenz: 40 bis 60 pro Minute im Ruhezustand). Von den Nasenhöhlen zweigen Nasennebenhöhlen ab, die nur unzureichend belüftet werden und Bakterien und anderen Krankheitserregern Platz bieten, sich anzusiedeln. Ein gutes Klima im Lebensraum ist daher sehr wichtig.

Zähne: Kaninchen werden mit 16 Zähnen geboren (Milchgebiss) und haben nach dem Zahnwechsel insgesamt 28 Zähne.

Bei der Nahrungsaufnahme zerkleinert das Kaninchen das aufgenommene Futter grob mit den Schneidezähnen, um es dann mit den Backenzähnen zu zermahlen und mit Speichel zu vermengen. Mit jeder aufgenommenen Mahlzeit kommt es zum Zahnabrieb, ganz gleich, ob sie aus sehr weichen oder härteren Futtermitteln besteht. Das ist sehr wichtig, denn Kaninchenzähne wachsen ein Leben lang nach (bis zu 2 Millimeter pro Woche). Zahnabrieb und -wachstum sind normalerweise ausgeglichen. Liegt jedoch eine Zahnfehlstellung vor, kann man die Zahnabnutzung mithilfe von Futter nur bedingt beeinflussen. Die regelmäßige Kürzung muss durch den Tierarzt erfolgen.

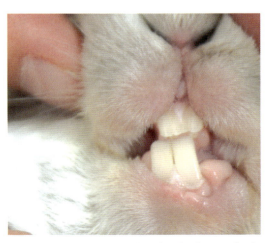

Bei gesunden, gerade wachsenden Schneidezähnen greifen die oberen Zähne knapp über die unteren. (Foto: Vogel)

Verdauung: Die Darmlänge beträgt bei Kaninchen ungefähr das Zehnfache der Körperlänge. Aufgrund dessen dauert es meist mehrere Tage, bis unverdaute Reste ausgeschieden werden. Sehr rohfaserreiche Futtermittel passieren den Darm schneller.

Die Peristaltik (Eigenbewegung) von Magen und Darm ist nur sehr gering. Das bedeutet, die Verdauung funktioniert nur, wenn das Kaninchen eine Mahlzeit zu sich nimmt. Bereits aufgenommene und verdaute Nahrung wird so weitergeschoben und letztlich ausgeschieden. Man bezeichnet den Darm des Kaninchens deshalb auch als Stopfdarm.

Bei der Verdauung spielt der Blinddarm des Kaninchens eine ganz besondere Rolle: Hier wird ein Teil des Nahrungsbreis ungefähr zwölf Stunden lang angesiedelt, bevor er als kleine, weiche, sehr dunkle und stark riechende Kotkugeln über den Dickdarm zum After transportiert wird. Kaninchen nehmen diesen sehr vitamin-, bakterien- und eiweißreichen Blinddarmkot direkt vom After wieder mit dem Mäulchen auf. Durch das Fressen des Blinddarmkots kann die Nahrung besser verwertet werden. Zudem versorgt dieser besondere Kot das Kaninchen mit Vitaminen der B-Gruppe, die von den im Blinddarm lebenden Mikroorganismen (Bakterien und einzellige Lebewesen) gebildet werden. Die sogenannte Caecotrophie kann man auch bei anderen Nagern und Hasenartigen beobachten. Es liegt in ihrer Natur und hat absolut nichts mit einer Mangelernährung zu tun. Überschüssig produzierter Blinddarmkot wird in der Regel liegen gelassen.

Duftdrüsen: Kaninchen besitzen zwei Duftdrüsen, um ihre individuellen Markierungen zu hinterlassen und damit Reviergrenzen zu setzen. Die eine Drüse befindet sich am Kinn (Kinndrüse), die andere sitzt am After (Analdrüse) und markiert Kotkugeln mit dem speziellen Geruch.

Körpertemperatur: Sie liegt zwischen 38,7 und 40 Grad Celsius. In einer zwischen 15 und 18 Grad Celsius kühlen Umgebung fühlen sich Kaninchen am wohlsten. Sie besitzen keine Schweißdrüsen und müssen die Wärme über ihre Ohren und die Atmung regulieren. Gerade an heißen Sommertagen können sie daher leicht einen lebensgefährlichen Hitzschlag erleiden. Mit sehr frostigen Temperaturen während der Wintermonate kommen viele Kaninchenrassen in Außenhaltung hingegen sehr gut zurecht, sofern sie rechtzeitig an das Leben im Freien gewöhnt wurden. Sie bilden dann ein sehr dichtes Winterfell.

Fellwechsel: Mehrmals im Jahr wechseln Kaninchen ihr Fell, insbesondere im Frühjahr und Herbst. Sie haaren dann unterschiedlich stark und sollten vorsorglich gebürstet werden, um die orale Aufnahme von losem Fell einzudämmen. Verschlucktes Fell kann zusammen mit aufgenommener Nahrung in Magen oder Darm sogenannte Haarballen bilden (Lebensgefahr!).

> **Wissenswert**
> Der Kot eines gesunden Kaninchens besteht aus einzelnen Kugeln. Aneinanderklebende, sehr weiche und stark riechende Kotkugeln sind Blinddarmkot. Während des Fellwechsels, wenn das Kaninchen beim Putzen lose Haare oral aufnimmt, scheidet es zeitweise wie eine Perlenkette aneinandergereihte Kotkugeln aus.

Kaninchen reiben ihr Kinn an Gegenständen, um diese zu markieren. (Foto: Vogel)

Sinnesorgane

Kaninchen sind mit fünf Sinnen ausgestattet, mit denen sie ihre Umwelt wahrnehmen:

Geruchssinn: Er ist bei Kaninchen sehr stark ausgeprägt und insbesondere für das Sozial- und Sexualverhalten wichtig. So können Kaninchen eine Vielzahl von Gerüchen unterscheiden und erkennen dadurch Bekanntes und Artfremdes. Bei der Fortpflanzung stimuliert der Geschlechtsgeruch der Häsinnen den Rammler.

Sehsinn: Kaninchen haben einen hervorragenden Rundumblick, ansonsten ist ihr Sehvermögen jedoch eher gering. Vergleichsweise gut sehen sie alles, was sich in weiter Entfernung bewegt. In der Dämmerung sehen sie besser als am Tag. Sehr helles Licht kann die Sehkraft stark beeinträchtigen.

Hörsinn: Er ist überlebenswichtig. Die großen Löffel sind sehr geräuschempfindlich und vernehmen Töne, die für Menschen nicht hörbar sind. Beeinträchtigt kann dieser Sinn bei Widderkaninchen sein, deren hängende Ohren die Geräuschaufnahme einschränken.

Geschmackssinn: Kaninchen schmecken sehr differenziert. Sie sind in der Lage, Geschmacksrichtungen zu unterscheiden, können also süß und sauer sowie salzig und bitter erkennen.

Tastsinn: Das Fühlen beziehungsweise Tasten erfolgt bei Kaninchen über die Tasthaare (Vibrissen). Sie befinden sich nahe den Augen, an der Oberlippe sowie am Kinn. Mit diesen äußerst feinen Haaren können Kaninchen sogar ausmessen, ob sie durch einen Gang hindurchpassen.

Zwei lange Ohren und ein Wackelnäschen lassen Menschenherzen schnell höherschlagen. (Foto: fotonatur.de/Juliane Meyer)

Herzlich willkommen, Langohr!

Sich in ein Kaninchen zu verlieben geht sehr schnell. Oft reicht ein kurzer Blick auf das lustig wackelnde Näschen und in die schwarzen Knopfaugen, und schon ist es um einen geschehen.

Erste Gedanken

Wer Kaninchen ein Zuhause schenken möchte, sollte sich zuvor mit ihrer Lebensweise vertraut machen. Nicht alles, was man vielleicht von früher her noch weiß oder was Werbung, Literatur und manche Fachverkäufer vermitteln, wird den Langohren gerecht. In den letzten Jahren hat sich sehr viel getan – zum Wohl der aktiven Wesen.

Eine tiergerechte Haltung mit viel Bewegung rund um die Uhr, einer gesunden, natürlichen Ernährung und mindestens einem Artgenossen ist die Basis für ein langes, gesundes und glückliches Kaninchenleben.

Wer sich ein Kaninchen anschaffen möchte, sollte sich zuvor die folgenden Fragen stellen:

- Bin ich bereit, meinen Lebensraum mit Tieren zu teilen?
- Gestattet mein Umfeld (Mitbewohner/Vermieter) die Haustierhaltung?
- Leide ich unter einer Tierhaar- oder Heuallergie?
- Habe ich genügend Zeit und Geld, damit es den Kaninchen an nichts fehlt?
- Gibt es während Urlaub/Abwesenheit einen zuverlässigen Kaninchensitter?
- Kann ich, solange sie leben, für die Tiere da sein?

Kuscheltier oder Zappelphilipp?

Es gibt ein ganzes Potpourri von Kaninchencharakteren: sehr verschmuste und zutrauliche, sehr aktive und verspielte, sehr schüchterne und zurückhaltende, um nur einige aufzuzählen. Jedes Kaninchen hat seinen ganz individuellen Charakter und setzt seinen „Dickkopf" auch gern mal durch. Wenn man das respektieren kann, sind Kaninchen für Groß und Klein geeignet. Allerdings fällt dies Erwachsenen meist leichter als Kindern, die sich einen Spielgefährten und ein lebendiges Kuscheltier wünschen.

Kind und Kaninchen

Spätestens zu Ostern ist bei vielen Kindern der Wunsch nach einem langohrigen Freund da. Doch ist das Kaninchen dann tatsächlich eingezogen, kann schnell Frust aufkommen, wenn es weder herumgetragen noch gestreichelt werden möchte. Deshalb ist es sinnvoll, sich für ein ausgewachsenes, etwa ein bis eineinhalb Jahre altes oder älteres, harmonisches Kaninchenpaar aus dem Tierschutz zu entscheiden. Hier lässt sich vor der Übernahme gut feststellen, ob die Hoppler ein ruhiges Gemüt besitzen und Streicheleinheiten genießen, denn nur dann sind sie ideale Kuschelgefährten für Kinder.

Während erwachsene Kaninchenbesitzer die Verantwortung für die Tiere selbst tragen können, müssen das bei Kindern die Eltern übernehmen und gemeinsam mit dem Kind dafür sorgen, dass es den Kaninchen an nichts fehlt.

Eins plus eins gleich nie allein

In der Natur leben Kaninchen in Gruppen. Daran sollte man sich orientieren. Der Mensch ersetzt einem Einzelkaninchen niemals den Artgenossen, auch wenn man sehr viel Zeit

Herzlich willkommen, Langohr!

Die Nähe zu mindestens einem Artgenossen ist für Kaninchen sehr wichtig. (Foto: tierfotoagentur.de/Sabine Schwerdtfeger)

mit dem Tier verbringt. Es ist daher unbedingt erforderlich, mindestens zwei Kaninchen zusammen zu halten. Egal wie viele Kaninchen einziehen, jedes kann zutraulich und menschenbezogen werden, obwohl der Mensch für Streicheleinheiten nicht zwingend benötigt wird.

Zweckgemeinschaften

Das noch immer häufig praktizierte Zusammenhalten von einem einzelnen Kaninchen mit einem Meerschweinchen ist mit einer Zweckgemeinschaft vergleichbar. Diese beiden Tierarten unterscheiden sich nicht nur äußerlich voneinander, ihre Lebensweise und Kommunikation sind grundverschieden. Von dieser Kombination sollte daher zum Wohl der Tiere Abstand genommen werden. Mehrere Meerschweinchen und mehrere Kaninchen können in einem entsprechend großen Lebensraum aber durchaus zusammenleben.

Wichtig!
Das Zusammenleben eines Einzelkaninchens mit artfremden Haustieren ist nicht tiergerecht. Der Artgenosse kann nicht ersetzt werden, selbst wenn das Kaninchen vom anderen Tier geputzt wird oder beide aneinandergekuschelt schlafen.

Katzen und Hunde sind den Langohren deutlich überlegen. Eine Begegnung darf ausschließlich unter Aufsicht erfolgen. Sowohl Katze als auch Hund könnten das davonhoppelnde Kaninchen als interessantes Spielzeug betrachten, dem sie nachjagen möchten. Das wäre eine ganz natürliche Reaktion, denn der Jagdtrieb steckt nun mal in diesen „Raubtieren". Das Kaninchen hätte dem nichts entgegenzusetzen. Es ist für die Verteidigung nicht geschaffen.

Mit Ziervögeln (Sittiche, Papageien) und Federvieh (Gänse, Hühner) sollten Kaninchen weder eine gemeinsame Voliere bewohnen noch zusammen in einem Raum gehalten werden. Die lauten, schrillen Töne der Vögel würden das empfindliche Gehör der leisen Kaninchen sehr strapazieren. Zudem können die Ausscheidungen der Vögel viele Parasiten oder Krankheitserreger wie Salmonellen enthalten, die von den Kaninchen aufgenommen werden könnten.

Weitere Tiere, wie Schildkröten, Hamster, Chinchillas, Frettchen, Ratten, Gerbils, Degus und Mäuse, können getrennt von den Kaninchen problemlos im gleichen Raum gehalten werden.

Kosten

Wie teuer das Zusammenleben mit Kaninchen ist, hängt von unterschiedlichen Faktoren ab, die nicht immer zu beeinflussen sind. Die Kosten für die Erstausstattung sind kalkulierbar und können je nach Haltungsform zwischen 100 Euro (für ein Innengehege) und deutlich mehr (Außenhaltung) liegen.

Die monatlichen Kosten für die Fütterung und die Gehegereinigung sind bei Haltung von zwei Kaninchen überschaubar, ebenso wie die Ausgaben für regelmäßige Vorsorgeuntersuchungen und Impfungen beim Tierarzt. Nicht kalkulierbar sind die Kosten, die im Krankheitsfall für die medizinische Betreuung anfallen. Die Behandlung eines kleinen Tieres ist nicht zwangsläufig günstig.

Woher nehmen?

Kaninchen bekommt man in Zoofachgeschäften, in Tierheimen, über Tierschutzorganisationen, auf Kleintiermärkten, bei Züchtern und über private Annoncen, ebenso wie in Bau- und Gartenmärkten. Leider existieren in den Köpfen vieler Menschen Vorurteile gegenüber der Aufnahme eines „Secondhandkaninchens" aus dem Tierheim oder von einer Pflegestelle. Häufig wird davon ausgegangen, dass dort vor allem kranke, alte und psychisch gestörte Tiere auf ein Langohr-Traumzuhause warten. Sicherlich trifft das auf einige der zu vermittelnden Kaninchen zu. Es gibt jedoch auch viele junge, gesunde Tiere, die aus ganz unterschiedlichen Gründen abgegeben werden und die kein schlimmes Schicksal erlebt haben. Zudem sollte man sich die Frage stellen, ob nicht gerade eines der Tiere mit „Vorgeschichte" ein neues Zuhause besonders verdient hätte.

Die Aufnahme von Kaninchen aus dem Tierschutz bietet viele Vorteile. Die Mitarbeiter kennen den Charakter der Tiere und ihr Verhalten gut und können bei der Auswahl des passenden Kameraden kompetent beraten. Viele dieser Stellen helfen auch gern bei einer möglichen

Kaninchenzusammenführung oder nehmen das Tier zurück, wenn es mit einem vorhandenen Kaninchen gar nicht zurechtkommt. Diese Möglichkeiten gibt es beim Kauf im Handel in der Regel nicht. Zudem sind die männlichen Abgabetiere bereits kastriert. Diese Kosten bleiben dem zukünftigen Halter erspart.

Natürlich stellen Tierschutzorganisationen gewisse Anforderungen an das neue Zuhause. Sie wollen das Beste für das Tier und legen daher Wert auf eine artgerechte Haltung und Ernährung. Kontrollgänge und Schutzverträge dienen dem Wohl der Tiere, und kein richtig informierter und verantwortungsvoller Halter muss Angst haben, die Kaninchen wieder abgeben zu müssen.

Kaninchen aus dem Zoofachgeschäft, Bau- oder Gartenmarkt sind meist noch sehr jung. Sie werden in der Regel zu früh von der Mutter getrennt, damit sie winzig und putzig möglichst viele potenzielle Käufer ansprechen und zum Spontankauf verlocken. Dies kann in Verbindung mit der für die Tiere in der Regel sehr stressigen Haltung in einem solchen Einkaufsladen zu einem geschwächten Immunsystem führen, was sich oft negativ auf die Verdauung und Atemwege auswirkt. Nicht selten sind Durchfall und/oder Schnupfen zu beobachten. Zudem stammen viele dieser Tiere von Hobbyzüchtern, die sich längst nicht alle mit der wichtigen Vererbungslehre befassen. Kränkliche Kaninchen mit Zahnfehlstellungen sind leider keine Seltenheit.

Wer Rassekaninchen aufnehmen möchte, muss sich dazu meist einen professionellen Züchter suchen. Die Reinrassigkeit wird damit garantiert, dass der Züchter den Nachwuchs im Zuchtbuch seines Vereins notiert hat und die Ohren der Tiere tätowiert sind.

Welches Kaninchen soll ich nehmen?

Halter, die zum ersten Mal Kaninchen ein Zuhause schenken wollen, suchen meist nach Jungtieren und haben sowohl vom Aussehen (insbesondere Fellfarbe) als auch vom Charakter bereits erste Vorstellungen. Meist werden ruhige, ausgeglichene und zutrauliche Tiere gewünscht. Den Charakter vorauszusagen ist aber gerade bei Jungtieren kaum möglich. Erst mit der Zeit wird sich nun zeigen, ob sie sich tatsächlich zu Kuschelkaninchen entwickeln.

Wer sich dennoch für Jungtiere entscheidet, sollte mindestens elf bis zwölf Wochen alte Kaninchen nehmen, die bis zur Abgabe bei der Mutter und den Geschwistern leben durften. Gerade die ersten Lebenswochen sind für die Sozialisierung sehr wichtig. Zudem ist das Immunsystem bei vorzeitiger Trennung von der Familie noch nicht stark genug. Leicht können dann Krankheiten ausbrechen.

> **Wichtig!**
> Ein Haustier nimmt man nicht „von jetzt auf gleich" mit! Selbst wenn man sich gut informiert hat und alle Überlegungen für den Einzug von Kaninchen sprechen, sollte man die Tiere in Ruhe auswählen. Am besten nimmt man sich dazu einige Tage Zeit und besucht mehrere abgebende Stellen.

Wer die Wahl hat, hat die Qual. Niedlich sind Kaninchen immer, und so fällt die Entscheidung oft sehr schwer. (Foto: Vogel)

Wer von vornherein mehr über den Charakter seines zukünftigen Haustiers wissen will, der ist, wie bereits geschrieben, mit einem „Secondhandkaninchen" gut beraten.

Wer passt zu wem?
Nicht jedes Kaninchen versteht sich mit jedem Artgenossen. Wer bereits bei der Anschaffung einige Grundregeln beachtet, erhöht die Wahrscheinlichkeit für ein harmonisches Miteinander in der Kaninchen-WG.

Paarhaltung: Am günstigsten ist es, sich von Beginn an für ein Pärchen (einen Rammler und eine Häsin) zu entscheiden, da hier eine harmonische Partnerschaft zu erwarten ist. Damit es keinen unerwünschten Nachwuchs gibt, muss der Rammler rechtzeitig kastriert werden.

Kastration
Sinnvoll ist bei männlichen Jungtieren die sogenannte Frühkastration, die noch vor Eintritt der Geschlechtsreife vollzogen wird (bei kleinen Rassen zwischen der achten und zehnten Lebenswoche, bei großen Rassen bis zur 16. Lebenswoche). Das hat den Vorteil, dass die Rammler nach der Operation nicht getrennt von den Weibchen gehalten werden müssen.
Ein bereits geschlechtsreifer Rammler kann bis zu sechs Wochen nach der Operation noch zeugungsfähig sein und muss daher zwingend über diesen Zeitraum getrennt von der Häsin leben!

> **Unverträgliche Einzelgänger**
>
> Die gibt es nicht, egal wie lange ein Kaninchen allein leben musste! Allerdings kann es vorkommen, dass man für die Suche nach einem passenden Artgenossen etwas länger braucht und unter Umständen erfahrene Hände bei der Vergesellschaftung nötig sind.

Gleich und gleich: Gleich und gleich gesellt sich bei Kaninchen leider nicht immer gern. Die Haltung von zwei Weibchen kann funktionieren; es kann jedoch in der Pubertät zu Streitereien kommen, die sich manchmal nicht mehr legen. Zwei Rammler können zusammen gehalten werden. Allerdings müssen beide zwingend kastriert sein, und selbst dann gibt es keine Garantie für ein harmonisches Miteinander. Außerdem sollte bei gleichgeschlechtlichen Konstellationen das permanente Platzangebot deutlich größer sein, damit die Tiere überschüssige Energie mittels Bewegung abbauen und sich aus dem Weg gehen können.

Partner gesucht: Lebt bereits ein Kaninchen im Haushalt und sucht man nun nach einem Partner, so ist es sinnvoll, ein charakterlich passendes Tier ähnlichen Alters auszuwählen. Zu einem sehr dominanten Kaninchen passt ein Artgenosse mit liebem, unterwürfigem Wesen meist wesentlich besser als ein ebenso starker Charakter. Auch hier lässt sich ein Weibchen mit einem kastrierten Männchen am leichtesten zusammenführen.

Gruppenleben: Wer mehrere Kaninchen unterschiedlichen Geschlechts in der Gruppe halten möchte, sollte über ein sehr großes Platzangebot verfügen und sich die einzelnen Charaktere vorher gut ansehen. Die wenigsten Probleme sind zu erwarten, wenn man eine funktionierende Gruppe übernimmt. Setzt man aus einzelnen Kaninchen, die sich nicht kennen, eine Gruppe zusammen, sollte man darauf achten, dass nicht zu viele dominante Tiere dabei sind.

Weiterhin muss es die Möglichkeit geben, im Fall von Streitigkeiten eventuell aus einer Gruppe zwei Gruppen bilden zu können, damit keines der Kaninchen sein Zuhause verliert.

Vor dem Einzug

Bevor nun die Kaninchen einziehen, muss im neuen Zuhause alles sorgfältig vorbereitet werden, damit sich die Tiere von Anfang an rundum wohlfühlen, schnell Vertrauen fassen und es ihnen an nichts fehlt. Dazu gehören: das Einrichten des Lebensraums, das Bereitstellen der Näpfe, der Einkauf von Frischfutter und Heu und das Befüllen der Toilettenkiste (Näheres dazu im Kapitel „Das Langohr-Traumzuhause").

Damit die Kaninchen sicher nach Hause transportiert werden können, darf eine Transportbox nicht fehlen. In diese Box kann man ein Handtuch legen, damit die Kaninchen auf dem Plastikboden nicht zu sehr hin und her rutschen. Sehr praktisch sind Katzentransportboxen, die sowohl an der Vorderseite als auch von oben zu öffnen sind. Die im Handel erhältlichen Kleintierbehälter sind für den Transport von ausgewachsenen Kaninchen leider ungeeignet. Sie sind zu klein und zudem unpraktisch.

Erster kleiner Gesundheitscheck

Selbst wenn man von Kaninchen noch keine oder nur sehr wenig Ahnung hat, eine kleine Gesundheitsüberprüfung darf vor der Übernahme nicht fehlen. Folgende Aussagen sollten auf Ihr Kaninchen zutreffen:

- Nase und Augen sind sauber, ohne Ausfluss oder Verklebungen.
- Die Atmung ist lautlos.
- Die Ohren sind sauber.
- Das Fell ist weich und glänzend, ohne nackte Stellen.
- Das Kinn ist trocken und frei von Verklebungen.
- Die Bewegungen sind flüssig, sämtliche Gliedmaßen werden genutzt.
- Die Krallen sind nicht zu lang.
- Der Po ist sauber, ebenso das Fell um den Po und das Geschlechtsteil.
- Der im Lebensraum liegende Kot ist normal geformt.
- Das Kaninchen riecht neutral.

Beim Rammler ist der Geschlechtsbereich rund. (Fotos: Vogel)

Nicht verkehrt ist es auch, Erkundigungen über Krankheiten einzuholen und nachzufragen, ob das Kaninchen kastriert und geimpft ist. Bei geimpften Tieren gibt es Impfausweise, die man sich aushändigen lassen sollte.

Geschlechtsbestimmung

Vor der Mitnahme ist unbedingt das Geschlecht zu überprüfen. Unterscheiden kann man die Geschlechter sehr gut. Bei der Häsin ist der Geschlechtsbereich länglich, beim Rammler rund. Zudem lässt sich beim Rammler der Penis mit sanftem Druck herausstülpen. Bei unkastrierten Rammlern kann man zusätzlich die

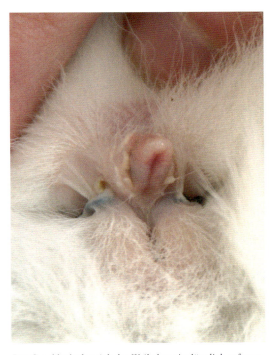

Der Geschlechtsbereich des Weibchens ist länglich geformt.

Hoden zur Geschlechtserkennung heranziehen, doch Vorsicht: Die Rammler können die Hoden verschwinden lassen, indem sie diese in die Bauchhöhle ziehen.

Die ersten Tage im neuen Zuhause

Der große Tag ist endlich da. Die Kaninchen ziehen ein. Natürlich ist man neugierig auf das, was nun kommen wird, und es dauert, bis sich eine gewisse Routine einstellt und man das Verhalten der Tiere kennt. Die Neuankömmlinge sollten immer genügend Zeit zum Eingewöhnen erhalten. Damit sie keine Angst vor ihren Menschen haben, ist es wichtig, ruhig und ohne Hektik auf die Tiere zuzugehen. Vor allen Dingen aber sollte man viel Zeit mit ihnen verbringen, jedoch ohne sie zu bedrängen. Am besten nimmt man in ihrem Lebensraum Platz und wartet. Die Kaninchen können nun selbst entscheiden, ob sie sich herantrauen, an einem schnuppern oder sogar Hand oder Kleidung ablecken möchten. Zähmen kann man viele Kaninchen, indem man ihnen das Futter aus der Hand anbietet.

Gerade in der ersten Zeit kann man viel mit ruhiger Stimme zu den Kaninchen sprechen, damit sie sich an den Klang gewöhnen.

Bevor man die Neuankömmlinge Freunden und Bekannten vorstellt, sollten sie sich erst einmal eingelebt und Vertrauen zum Besitzer gefasst haben.

Quarantäne und Tierarztcheck

Ein Tierarztcheck innerhalb der ersten Tage nach dem Einzug ist sehr wichtig – ganz gleich, woher die Kaninchen stammen und ob sie dort bereits untersucht wurden. Besonders wenn im Haushalt schon Kaninchen leben, muss sichergestellt werden, dass der Ankömmling keine Krankheiten einschleppt. Unter anderem aus diesem Grund sollte der Neuzugang vor der Vergesellschaftung mit dem vorhandenen Artgenossen auch erst einmal zwei Wochen in Quarantäne gehalten werden. Körper-, Riech- und Sichtkontakt sind in dieser Zeit tabu. Beide Tiere sollten bis zur Zusammenführung räumlich getrennt leben.

Für Kaninchen bedeutet ein Umzug Stress. Alles ist neu: fremde Gerüche, vielleicht un-

Wird Futter aus der Hand angeboten, trauen sich die meisten Kaninchen bald heran.
(Foto: animals-digital.de/Thomas Brodmann)

Bis zwei Kaninchen sich so gut verstehen, ist manchmal etwas Geduld nötig. (Foto: von Droste)

bekanntes Futter, fremde Stimmen, eine unbekannte Umgebung und ein vollkommen anderer Tagesablauf. Selbst wenn gesunde Tiere übernommen wurden, durch diese Stresssituation können Krankheiten ausbrechen. Umso wichtiger ist deshalb der Tierarztbesuch. Sinnvoll ist es auch, bei dieser Gelegenheit das Geschlecht noch einmal überprüfen zu lassen. In jedem Fall sollte man nach einigen Tagen eine Kotprobe zur Untersuchung auf Parasiten ins tierärztliche Labor geben.

Zusammenführung

Die Begegnung sich unbekannter Kaninchen kann ganz unterschiedlich ablaufen. In freier Natur werden Eindringlinge erst einmal verjagt, mitunter auch rigoros bekämpft. Das gleiche Verhalten zeigen viele Hauskaninchen, die zum ersten Mal aufeinandertreffen. Aber auch Liebe auf den ersten Blick ist möglich.

Zieht ein neues Kaninchen ein, das zukünftig mit einem bereits im Haushalt lebenden

Haben sich die Kaninchen aneinander gewöhnt, beginnen sie vorsichtig zu kuscheln. (Foto: tierfotoagentur.de/Ramona Richter)

In der Ruhe liegt die Kraft

Es ist sinnvoll, die Zusammenführung dann vorzunehmen, wenn man einige Tage frei hat, zum Beispiel über ein verlängertes Wochenende. Für die Vergesellschaftung benötigt man starke Nerven, denn bei Kaninchen kann es heiß hergehen. Die eigene innere Unruhe kann sich auf die Langohren übertragen. Wer sich unsicher ist, ob er die Zusammenführung allein schafft, sollte einen erfahrenen Kaninchenhalter um Unterstützung bitten oder die Zusammenführung gänzlich von einem Dritten durchführen lassen.

Tipp: Die Bachblütenmischung „Notfall" kann beiden Kaninchen helfen, bei der Zusammenführung etwas ruhiger und gelassener zu sein. Am besten beginnt man mit der Gabe bereits vier Tage vor dem großen Tag. Dazu gibt man jedem Tier zweimal täglich zwei Globuli und kann außerdem fünf Globuli dem Trinkwasser hinzufügen.

> **Unsauberkeit**
>
> Es ist völlig normal, dass ein zuvor sauberes Kaninchen während einer Zusammenführung seine guten Manieren vergisst. Es markiert mit Urin und Kot, um eigene Geruchsmarken zu setzen und das Revier so zu kennzeichnen. Dieses unsaubere Verhalten endet in der Regel dann, wenn sich die Kaninchen angefreundet haben und in einer harmonischen Partnerschaft leben.

Langohr gehalten werden soll, muss zunächst auf strikte Trennung geachtet werden. Vor der Vergesellschaftung dürfen sich die Tiere weder sehen noch riechen, denn dies kann insbesondere bei dem bereits heimischen Kaninchen unnötige Aggressionen gegenüber dem Fremdling hervorrufen. Nach der Quarantänezeit empfiehlt sich das im folgenden Abschnitt beschriebene Vorgehen, damit aus den beiden Fremden schnell Freunde werden.

Erste Begegnung

Die erste Begegnung sollte auf neutralem Boden stattfinden, das heißt an einem Ort, den beide Kaninchen noch nicht kennen. Der Bereich sollte nicht allzu groß gewählt werden (für zwei Tiere maximal 3 bis 4 Quadratmeter) und längerfristig verfügbar sein, denn in ihr endgültiges Zuhause können die Kaninchen erst umziehen, wenn ihre Partnerschaft genügend gefestigt ist.

Steht ein solcher Platz nicht zur Verfügung, ist der bestehende Lebensraum des bisherigen Kaninchens so weit zu neutralisieren, dass der Geruch und mögliche Reviermarkierungen des Bewohners verschwinden, beispielsweise mithilfe von Essigessenz. Vorhandenes Kaninchenmobiliar ist als erstes aus dem Zusammenführungsbereich zu entfernen, lediglich zwei Toilettenkisten sollten aufgestellt werden. Das Aufstellen von Häusern ist nicht ratsam, da ein gejagtes Kaninchen gern in einen solchen Unterschlupf flüchtet. Hat das Haus nur einen Ausgang, sitzt das Tier hier buchstäblich in der Falle.

Kaninchen sind ab dem späten Vormittag bis zum Nachmittag relativ träge. Es bietet sich an, die erste Begegnung in diese Zeit zu legen. Ab dem späten Nachmittag werden die Tiere aktiver. Auseinandersetzungen beginnen häufig erst dann und können bis tief in die Nacht dauern.

Die Kaninchen werden zeitgleich in den neutralen Bereich gesetzt. Zunächst werden sie diesen Ort erkunden und möglicherweise Markierungen mit Kot und durch Kinnreiben setzen, bis sie einander erstmals registrieren. Was dann folgt, ist sehr unterschiedlich: Entweder es passiert gar nichts, außer neugierigem, freundlichem Beschnuppern und danach eventuell Abwenden von dem Fremden. Oder es erfolgt direkt die Klärung der Rangordnung. Dabei können Hinterherjagen, Knurren, Fellrupfen und gegenseitiges Berammeln zu beobachten sein. Solange sie sich nicht ernsthaft verletzen und fest ineinander verbeißen, bitte die Tiere zusammenlassen und nicht einschreiten. Treten jedoch größere Verletzungen wie stark blutende Bisswunden auf, muss ein Tierarzt aufgesucht werden und die Zusammenführung ist bis auf Weiteres zu unterbrechen. Beim Einschreiten sollten zum eigenen Schutz Lederhandschuhe getragen werden. Kaninchen unterscheiden in gewissen Situationen nicht mehr, in wen sie sich da verbeißen. Sie können dem Menschen schwerwiegende Bissverletzungen zufügen.

Gehen sich die Kaninchen gegenseitig aus dem Weg und begegnen sich eher selten, ist das Gehege zu verkleinern.

Schwierige Vergesellschaftung

Gestaltet sich die Zusammenführung schwierig und langwierig, etwa weil sich die Kaninchen sehr aggressiv verhalten, so kann man versuchen, die Tiere langsam aneinander zu gewöhnen. Das ist jedoch nicht immer ein Erfolg, denn der Zeitfaktor kann bestehende Aggressionen unter Umständen noch verstärken. Im Folgenden einige Strategien für schwierige Fälle.

Gehege an Gehege: Das direkt benachbarte Zusammenleben, mit Riech- und Sichtkontakt, kann Kaninchen aneinander gewöhnen, jedoch auch Aggressionen fördern. Wenn sich die Tiere bereits durch das Gitter beißen und attackieren, geht diese Form des Aneinandergewöhnens eher nicht gut. Beschnuppern sie sich jedoch friedlich, schlafen vielleicht sogar, nur durch das Gitter getrennt, nebeneinander, besteht Hoffnung auf eine erfolgreiche Vergesellschaftung. Damit sich die Kaninchen den Geruch des anderen noch mehr einprägen und als revierzugehörig respektieren, bietet sich ein Gehegetausch an. Das bedeutet, das eine Kaninchen zieht vorübergehend in das Gehege des anderen und umgekehrt. Liegen dann keine Aggressionen mehr vor, kann man die Vergesellschaftung an einem neutralen Ort nochmals versuchen.

Hilfe von außen: Viele Tierschutzvereine bieten Hilfe bei der Zusammenführung an. Das bedeutet, sie übernehmen für den Halter die Vergesellschaftung der Kaninchen, oftmals in ihren Räumen. Erst wenn sich die Tiere verstehen, ziehen sie an den Endplatz um. So kommt es häufig doch noch zu einem Happy End.

Umzug an den Endplatz

Ist die Partnerschaft der Kaninchen stabil, kann der Umzug in den endgültigen Lebensraum erfolgen. Stabil bedeutet, sie verstehen sich gut, es kommt zu keinen Auseinandersetzungen und kein Kaninchen erschrickt mehr vor dem anderen. Einigermaßen gefestigt ist die Freundschaft in der Regel erst nach ungefähr zwei Wochen. Besser wäre es, den Umzug an den Endplatz erst nach vier Wochen zu vollziehen, damit Streitigkeiten im neuen Lebensraum nicht wieder aufflammen.

Kein Friede in Sicht

Nicht jedes Kaninchen akzeptiert den ihm vorgesetzten Partner. Es gibt Langohren, die sich sprichwörtlich gegenseitig nicht riechen können. Wenn sich Kaninchen trotz aller Bemühungen auch nach Wochen noch blutige Beißereien liefern und man öfter beim Tierarzt als vor einem friedlichen Pärchen sitzt, werden diese beiden Kaninchen eher nicht zueinanderfinden. Es sollte zum Wohl der Tiere jeweils nach einem neuen Partner Ausschau gehalten werden.

Kaninchen, die sich in ihrem Zuhause sicher fühlen, strecken beim Ausruhen oft die Hinterläufe seitlich weg. (Foto: Vogel)

Das Langohr-Traumzuhause

Hoppeln, rasen, Haken schlagen – wer schon einmal Kaninchen in Aktion erleben durfte, kann erahnen, wie viel Platz man ihnen bieten sollte. Keineswegs ist es tiergerecht, die bewegungsfreudigen Langohren in einen Käfig zu sperren und ihnen nur ab und an etwas Freilauf zu gönnen. Der Tag hat 24 Stunden und die aktive Zeit der Hoppler ist häufig dann, wenn ihr

Mensch nicht anwesend ist. Käfig war gestern – heute ist Gehege oder, noch besser, ein gesicherter, rund um die Uhr nutzbarer Freilauf. Wie viel Fläche man Kaninchen dauerhaft zur Verfügung stellt, hängt natürlich von den jeweiligen örtlichen Gegebenheiten ab. Es sollten jedoch pro Tier mindestens 2 Quadratmeter sein. Größere Kaninchen (ab circa 3 Kilogramm Körpergewicht) benötigen deutlich mehr Fläche, in etwa das Doppelte. Diese Angaben sind das Minimum: Je mehr Platz man den Tieren permanent zur Nutzung anbieten kann, desto besser.

Es gibt viele verschiedene kaninchengerechte Haltungsformen. Egal für welche der nachfolgend vorgestellten Möglichkeiten man sich entscheidet, die Sicherheit hat oberste Priorität. Kaninchen sind erkundungsfreudig und nagen gern. Vor ihren Zähnchen sind weder giftige Pflanzen noch Stromkabel oder herumliegende Menschennahrung sicher. Ihre Neugierde kann den Langohren mitunter schnell zum tödlichen Verhängnis werden. Es ist also nicht jeder verfügbare Platz in der Wohnung, auf dem Balkon oder im Garten als Lebensraum geeignet.

Innenhaltung

Das Zusammenleben mit Kaninchen im Wohnbereich hat den großen Vorteil, dass man sie sehr intensiv beobachten kann, da sie quasi immer um einen herum sind. Es gibt nun mehrere Möglichkeiten für die Innenhaltung, die in den nächsten Abschnitten beschrieben werden. Grundsätzlich ist Folgendes zu beachten:

Kaninchen benötigen Tageslicht. Ihr Lebensraum muss daher natürlich hell sein und sollte mindestens ein Fenster haben. Permanent direkte Sonneneinstrahlung vertragen sie jedoch schlecht, ebenso wie Heizungs- und Ofenwärme, denn sie sind sehr hitzeempfindlich. Im schlimmsten Fall droht Lebensgefahr.

Eine gewisse Luftfeuchtigkeit im Raum ist wichtig, damit die Schleimhäute der Tiere nicht unnötig strapaziert werden. Insbesondere während der Heizperiode kann es sonst leicht zu Augenerkrankungen, Niesattacken (durch trockene Nasenschleimhäute) und Juckreiz (durch trockene Haut) kommen. Kaninchen können ganz schön laut sein, und das gern in den frühen Morgenstunden – dies sollte man beim Auswählen des Lebensraumes bedenken.

Gibt es eine Möglichkeit, die Fensterbank zu erreichen oder auf den Esstisch, die Sofalehne oder die Kommode zu gelangen, werden Kaninchen diese Gelegenheit nutzen. Erhöhte Plätze mit Aussicht sind schließlich sehr verlockend – also Vorsicht, denn hier besteht Unfallgefahr.

Kaninchen in Miträumen

Kaninchen gehören zu den Kleintieren, und ihre Haltung in Mietwohnung oder Mietshaus kann laut BGH/Bundesgerichtshof VIII ZR 10/92 nicht generell verboten werden. Allerdings empfiehlt es sich, auf entsprechende Klauseln im Vertrag zu achten und sich vor der Tieranschaffung die schriftliche Zustimmung vom Vermieter einzuholen.

Ein geeigneter Platz für ein Gehege findet sich in fast jedem Wohnraum. (Foto: Hümpel)

Leider wissen Kaninchen nicht, dass Menschennahrung pures Gift für sie sein kann. Diese muss, ebenso wie Medikamente und Reinigungsmittel, beim Freilauf stets außerhalb ihrer Reichweite sein.

Insbesondere Stromkabel können zum gefährlichen Verhängnis werden und müssen entsprechend gesichert sein, beispielsweise durch Kabelkanäle.

Viele Zimmerpflanzen sind giftig und können im Falle eines Verzehrs unterschiedlich stark ausgeprägte Verdauungsbeschwerden hervorrufen, die je nach aufgenommener Menge und Toxizität sogar zum Tode führen. Sicherer ist es, wenn sich Pflanzen außer Reichweite befinden.

Innengehege

Innengehege sind relativ einfach zu realisieren und fügen sich je nach Umsetzung sehr gut in den Wohnraum ein. Wen die im Handel erhältlichen Gitterelemente optisch nicht stören, der kann damit den Lebensraum eingrenzen. Handwerklich Begabte können mithilfe von unbehandelten Hölzern und Draht den eigenen Ideen freien Lauf lassen. Ganz egal für welche Lösung man sich entscheidet, das Gehege

> **Ungiftige Zimmerpflanzen**
> Folgende Blüten-/Grünpflanzen sind ungiftig:
> Bergpalme, Crossandra, Dickblatt, Echeverie, Episcia, Gelber Frauenschuh, Lycaste-Orchideen, Marante/Pfeilwurz, Osterkaktus, Rosettendickblatt, Sanchezia, Schamblume, Schusterpalme/Metzgerpalme, Weihnachtskaktus, Zyperngras
> Achtung! Es handelt sich hierbei nicht um Futterpflanzen!

Vor den neugierigen Kaninchen ist absolut nichts sicher. Beseitigen Sie daher vor dem Freilauf mögliche Gefahrenquellen. (Foto: Vogel)

sollte mindestens 80 Zentimeter hoch werden (besser noch höher), da Kaninchen selbst aus dem Stand heraus sehr hoch springen können. Damit der Fußboden keinen Schaden nimmt, ist dieser durch einen Belag zu schützen, zum Beispiel Linoleum oder PVC. Gegen die Verschmutzung der angrenzenden Wände kann man an den betreffenden Seiten des Geheges in Wandfarbe gestrichene Holzplatten oder durchsichtige Plexiglasscheiben montieren.

Trotz eines großen Geheges ist es sehr wichtig, den Bewohnern regelmäßigen Freilauf im Wohnraum anzubieten.

Kaninchenzimmer

Wer ein freies Zimmer zur Verfügung hat, kann dieses in ein Kaninchenzimmer verwandeln. Deutlicher Vorteil gegenüber einem Gehege: Zimmer bieten meist sehr viel mehr freie Fläche, auf der sich die Tiere rund um die Uhr austoben können. Auch hier gilt es, den Fußboden und vorhandene Fußbodenleisten durch einen geeigneten Belag zu schützen. Es empfiehlt sich außerdem, einen Wandschutz anzubringen, da Kaninchen sowohl Tapeten abziehen als auch Wände benagen können – ganz zu schweigen von möglichen Verschmutzungen. In Reichweite befindliche Kabel müssen gesichert werden. Pflanzen sind zu entfernen.

Uneingeschränkter Freilauf in der Wohnung

Selbstverständlich kann man Kaninchen genauso gut uneingeschränkten Freilauf in der gesamten Wohnung oder in mehreren Räumen anbieten. Dazu sollten sie aber komplett stubenrein sein und ihr Nagebedürfnis nicht an Einrichtungsgegenständen ausleben. Zudem muss hier noch genauer überprüft werden, ob wirklich alles sicher verstaut ist, um Unfälle zu vermeiden.

Balkonhaltung

Kaninchen können auf dem Balkon gehalten werden, egal ob ganzjährig oder nur während der Sommermonate. Da sie sehr hitzeempfindlich sind, eignen sich als Lebensraum aber nur Balkone, die nach Osten oder Norden ausgerichtet sind. Auf Süd- und Westbalkonen können schnell tropische Temperaturen entstehen, denen man selbst mit Schatten spendenden Markisen nicht entgegenwirken kann.

Am sichersten leben Kaninchen auf dem Balkon in einem nach oben aufklappbaren Gehege, das ringsherum mit Volierendraht verschlossen ist. So können sie weder durch eventuell vorhandene Geländersprossen vom Balkon fallen, noch gelingt es ungebetenen Besuchern (Greifvögel, Katzen, Marder), den Bewohnern lebensgefährlich nahe zu kommen. Ein geschützter, trockener Rückzugsort in Form eines mit Stroh ausgepolsterten Stalles darf nicht fehlen.

Zum Freilauf kann der Balkon dann benutzt werden, wenn auch die restliche Fläche gut abgesichert ist.

Außenhaltung

Frische Luft rund um die Uhr, welches Hauskaninchen träumt nicht davon? Am natürlichsten ist es, wenn man den Hopplern ein Leben im Garten ermöglicht.

Kaninchen, die das Leben draußen nicht kennen, sollten frühestens dann daran gewöhnt werden, wenn die Temperaturen nachts nicht mehr unter 13 Grad Celsius fallen. Dies ist meist ab Mitte Mai der Fall. Bis Anfang August kann der Umzug ins Freie erfolgen, wenn die Kaninchen auch während des Winters draußen leben sollen. Nur so hat ihr Körper genug Zeit, sich auf die unbeständigen Temperaturen und Wetterverhältnisse einzustellen, und bildet für den Winter ausreichend Unterwolle. Sinnvoll ist es, Kaninchen bereits von klein auf an das Leben im Garten zu gewöhnen. Ältere Tiere können im Sommer draußen leben. Im Winter muss man bei ihnen jedoch genau beobachten, wie sie die frostigen Temperaturen vertragen.

Ein krankes oder schwaches Kaninchen sollte den gesamten Winter über mit einem Partner im beheizten Wohnraum leben. Es darf erst dann wieder ins Freie, wenn die Außentemperaturen Tag und Nacht konstant über 10 Grad Celsius bleiben. Das zeitweise Hereinho-

Erlaubnis einholen!

Bevor der Balkon zum Kaninchengehege umgebaut wird, sollte man gegebenenfalls eine schriftliche Erlaubnis vom Vermieter oder der Eigentümergemeinschaft einholen. Denn Veränderungen der Fassade (dazu zählen auch das Anbringen von Netzen, Schutzgittern und sonstige optische Veränderungen) können sonst zu Problemen führen.

Tipp: Informieren Sie die Nachbarn mit direkt angrenzenden Balkonen. Nicht jeder ist kaninchenfreundlich eingestellt, und manche empfinden die Tiere als Belästigung und Beschwerdegrund.

In diesem Gehege sind die Bewohner vor ungebetenen Besuchern optimal geschützt. (Foto: Tschöpe)

len während der Kälteperiode in unbeheizte Räume wie Garage oder Keller ist für den Organismus der Tiere keineswegs gut.

Ganzjähriges Leben im Gehege

Wer seinen Kaninchen ein sicheres Leben in einem Außengehege schenken möchte, sollte bereits vor dem ersten Spatenstich auf gewisse Dinge achten. Schließlich geht es hier um die Haltung von Lebewesen, und oft sind mit dem Gehegebau nicht unerhebliche finanzielle Ausgaben verbunden.

Auch wenn man am liebsten sofort zur Tat schreiten würde, die Planung eines Geheges braucht Zeit und sollte in Ruhe erfolgen. Nur so lässt sich Geld einsparen und mögliche Fehlentscheidungen können vermieden werden.

Baugenehmigung: Ist das Grundstück gemietet, ist vom Vermieter das Einverständnis für das Bauvorhaben einzuholen. Gibt es einen direkt angrenzenden, sehr sensiblen Nachbarn? Dann sollte man diesen am besten in einem persönlichen Gespräch auf die Baupläne vorbereiten. Außerdem empfiehlt es sich, bei der örtlichen Baubehörde nachzufragen, ob für die Größe und die Bauart des geplanten Geheges eine offizielle Baugenehmigung benötigt wird.

> **Wichtig!**
> Günstig darf gebaut werden, jedoch keinesfalls billig! Schließlich muss das Gehege über viele Jahre Wind und Wetter gewachsen sein.

Bauplatz: Ganz wichtig ist es, als Standort für das Gehege einen Platz im Schatten oder Halbschatten auszuwählen, damit die hitzeempfindlichen Bewohner während der Hochsommermonate keinen Schaden nehmen. Die nähere Umgebung muss zudem frei von Giftpflanzen sein. Nichts darf ins Gehege wachsen, was zu einer Vergiftung führen kann.

Gibt es einen Bereich im Garten, der für Fußgänger schwer einsehbar ist, so bietet sich dieser als Bauplatz an. Auf dem Präsentierteller sollten Gehege lieber nicht stehen.

Größe: Ein Außengehege kann aus Sicht der zukünftigen Bewohner nie groß genug sein. Pro Kaninchen sind mindestens 3 bis 4 Quadratmeter Fläche anzusetzen, damit die Tiere genug Platz zum Austoben haben. Die Form des Geheges ist Geschmackssache. Jedoch sollte bei der Realisierung an den eigenen Komfort gedacht werden. Ein Gehege, in dem man selbst aufrecht stehen kann, lässt sich wesentlich bequemer reinigen.

Welche Farbe für den Anstrich?
Die Holzkonstruktion eines Außengeheges muss jedem Wetter standhalten. Es ist somit erforderlich, das Holz entsprechend zu behandeln, damit es nicht zerfällt. Sämtliche Hölzer in Nagereichweite der Bewohner sollten nur mit einem Produkt nach DIN EN 71-3 (für Kinderspielzeug geeignet und speichelfest) eingelassen werden. Nagen die Kaninchen daran, ist es nicht ganz so gesundheitsschädigend. Entsprechende Hinweise finden sich auf den jeweiligen Verpackungen.

Sicherheit: Das Gehege ist so zu konstruieren, dass weder die Bewohner hinausgelangen können noch ein Fressfeind den Weg hineinfindet. Ob ein vorbeistreunender Hund, ein Raubvogel, ein Fuchs oder ein Marder – all diese Tiere können Kaninchenleben fordern, wenn die von ihnen ausgehende Gefahr vom Halter unterschätzt wird.

Die Fressfeinde sind keinesfalls blutrünstige Lebewesen – es ist ein ganz natürlicher Instinkt, der diese Tiere antreibt zu jagen. Dem Kaninchenhalter bleibt also nur, bereits beim Bau des Geheges sorgfältig darauf zu achten, dass später nichts und niemand sich Zutritt verschaffen kann. Das bedeutet, die richtigen Materialien zu verwenden und lückenlos anzubringen. Der schützende Volierendraht muss rundum angebracht werden (an den Seiten, oben und unten). Er sollte mindestens 1,35 Millimeter stark sein und die Maschenweite darf maximal 1,9 x 1,9 Zentimeter betragen. Weiterhin ist die Verriegelung der Eingangstür mit einem Schloss ratsam.

Überdachung: Ob das Gehege eine Überdachung bekommt, kann individuell entschieden werden. Ein festes Dach bietet jedoch einen großen Vorteil: Man kann sich jederzeit ohne Rücksicht auf die Wetterverhältnisse nahezu trocken im Gehege aufhalten.

Für die Kaninchen selbst ist es unerheblich, ob das Gehege ein Dach besitzt, solange es trockene Unterschlupfmöglichkeiten gibt, in die sie sich bei Bedarf zurückziehen können, und ihr Futter an einem wettergeschützten Platz angeboten wird.

Boden: Für den Bodenbelag gibt es zahlreiche Varianten. Sicherlich kommt es der natürlichen Lebensweise am nächsten, die Kaninchen auf Erdboden zu halten, unter dem eine Lage Volierendraht als Schutz vor dem Aus-

Fast uneingeschränkt durch das Gras hoppeln und Haken schlagen – ein Kaninchentraum. (Foto: animals-digital.de/Thomas Brodmann)

buddeln aus dem Gehege liegt. Auch für die Pfoten ist Erdboden am schonendsten, da Sohlengeschwüre hier relativ selten entstehen. Leider birgt diese Haltungsform jedoch auch Nachteile. Zum einen erfordert die nötige Hygiene einigen Aufwand: Das Erdreich muss regelmäßig abgetragen und ausgetauscht werden. Zum anderen besteht beim Betreten eines von den Bewohnern vielleicht untertunnelten Geheges die Gefahr, dass einer der Tunnel einstürzt. Ein noch darin sitzendes Kaninchen kann verschüttet werden (Lebensgefahr!). Eine Alternative sind Terrassen- oder Steinplatten. Diese lassen sich sehr leicht reinigen (mit dem Besen oder Dampfstrahler), nehmen den Kaninchen jedoch eine gewisse Naturnähe. Es sollte daher mindestens eine geräumige Buddelkiste mit ungedüngter Erde, Rindenmulch oder Spielsand nicht fehlen, in der die Hoppler ihrem natürlichen Trieb nachgehen können.

Lichtquelle: Gehege werden meist dann errichtet, wenn es von früh bis spät hell ist. In Vergessenheit gerät dabei häufig die dunkle Jahreszeit, in der man ebenfalls die Kaninchen versorgen und pflegen muss oder sie beobachten möchte. Es empfiehlt sich daher, bereits

Grüne Wiese im Gehege?

Das ist ein kurzes Vergnügen. Schnell ist das Gras „geerntet" und flach getreten. Von dem zunächst schön anzusehenden Boden ist sehr bald nicht mehr übrig als eine braune Fläche.

beim Bau des Geheges eine Lichtquelle vorzusehen und verlegte Kabel selbstverständlich vor den Kaninchen zu sichern.

Freilandhaltung

Fast unbegrenzten Platz bietet den Kaninchen die sogenannte Freilandhaltung. In dieser Haltungsform bewohnen sie tagsüber den gesamten Garten und nachts werden sie in der Regel in einen vor Fressfeinden sicheren Unterschlupf eingesperrt. So naturnah dieses Kaninchenleben ist, man muss sich über mögliche Gefahren im Klaren sein. Der Garten muss ausreichend eingezäunt sein, damit die Kaninchen das Grundstück nicht verlassen und unbemerkt auf Nimmerwiedersehen verschwinden können. Es gibt Freilandhalter, die einen elektrischen Weidezaun als zusätzliche Absicherung verwenden. Dieser muss sehr engmaschig sein, da zu große Maschen eine gewisse Unfallgefahr darstellen. Der äußere Gartenzaun sollte ein Fundament haben, damit sich die Kaninchen nicht darunter durchgraben können. Die Umzäunung sollte nach jedem Freilauf der Tiere abgegangen werden, um gebuddelte Gänge zu verschließen.

Für viele Fressfeinde stellt der Gartenzaun allerdings kaum ein Hindernis dar. Fuchs, Marder und Greifvogel können ebenso wie Hund und Katz den Kaninchen einen gefährlichen Besuch abstatten, selbst am hellen Tag. Bäume und Sträucher sowie künstlich errichtete Unterschlupfmöglichkeiten bieten keinen ausreichenden Schutz. Je nachdem, wo der Garten liegt und wie einsehbar er für Fußgänger ist, können sogar Menschen den Kaninchen gefährlich werden. Berichte über Vergiftungen und Diebstahl finden sich immer wieder in der Tagespresse.

Giftpflanzen im Garten

Giftig sind unter anderem: Buchsbaum, Christrose, Efeu, Eibe, Fingerhut, Giftsumach, Ginster, Goldregen, Hahnenfuß, Hyazinthe, Jakobskreuzkraut, Krokus, Maiglöckchen, Rhododendron, Schneeglöckchen, Sommerflieder, Thuja.

Giftpflanzen: Einiges, was im Garten (wild) wächst, ist zum Verzehr weniger bis gar nicht geeignet. Zwar meiden Kaninchen Giftpflanzen in der Regel instinktiv, und selbstverständlich hängt es auch von der aufgenommenen Menge ab, ob das Kaninchen Schaden nimmt. Aber es gibt sehr empfindliche Tiere, für die bereits geringe Mengen lebensbedrohlich sind. Daher sollten Giftpflanzen möglichst entfernt oder von dem zu behoppelnden Bereich sicher abgegrenzt werden.

Zeitweise Gartenausflüge

Einen stundenweisen Ausflug in den Garten kann man mithilfe von aufstellbaren Gehegegittern ermöglichen. Da diese Gehege jedoch eine sehr begrenzte Größe haben und nur einen geringen Schutz bieten, muss der Aufenthalt darin unter ständiger Aufsicht erfolgen. Schnell wird den Kaninchen langweilig und ihre Erkundungsfreude macht sie zu Ausbrechern. Nach oben hin offene Gehege sollten sicherheitshalber mit einem luftdurchlässigen Netz abgedeckt werden. Dies bietet zumindest einen Teilschutz vor Greifvögeln und umherstreunenden Katzen. Der Gartenausflug sollte im Schatten stattfinden und an einer Stelle, an der keine giftigen Pflanzen wachsen.

Der Auslauf im Garten sollte ringsum gut gegen Greifvögel und umherstreunende Katzen gesichert sein.
(Foto: tierfotoagentur.de/Tanja Munsch)

Beginnen die Kaninchen mit dem Graben eines unterirdischen Baus, ist Vorsicht geboten. Im Nu haben sie sich einen Gang in die Freiheit geschaffen und können auf Nimmerwiedersehen verschwunden sein.

Einrichtung

Wie man den Lebensraum der Kaninchen ausstattet, bleibt jedem Halter selbst überlassen. Hier spielen auch der individuelle Geschmack, eigene Ideen und handwerkliches Geschick eine Rolle.

Im Fachhandel gibt es alles, was das Kaninchenherz begehrt. Drei Dinge dürfen keinesfalls fehlen: Näpfe für Futter und Wasser, eine oder mehrere Toilettenkisten sowie ein Unterschlupf. Alles Weitere kann nach Belieben zugefügt werden.

Futter- und Wassernapf

Als Näpfe gut geeignet sind schwere Steingutbehältnisse, für das Futter auch flache Schalen (Pflanzenuntersetzer), die von den Bewohnern nicht umgeworfen werden können. Die Näpfe sollten für mehrere hungrige und durstige Mäuler ausreichend groß sein. Die im Handel erhältliche Nagertrinkflasche (Nippeltränke) ist weniger geeignet. Sie lässt sich nur eingeschränkt reinigen und es ist kaum möglich, die sich im Lauf der Zeit darin bildenden Keime alle abzutöten. Zudem ist die Körperhaltung an einer Nippeltränke unnatürlich – in der Natur nehmen Kaninchen Trinkwasser mit gesenktem Kopf auf.

Heubehältnis

Aus hygienischen Gründen, damit die Bewohner ihr Geschäft nicht im Heu erledigen und es dann mitfressen, bietet ein Großteil der Kaninchenhalter das Heu in unterschiedlichen Behältnissen an (Heuraufe, Heutasche, Heuwagen).

> **Kaninchen entlaufen?**
> Ist das Langohr noch zu sehen, sollte man versuchen, es ohne Hektik anzulocken, bis man es einfangen kann. Am besten bittet man Familie und Freunde um Hilfe. Bei gänzlich verschwundenen Kaninchen sollten die Nachbarn mit Fotos informiert werden, ebenso das Tierheim und die umliegenden Tierarztpraxen.

Heu schmeckt den Kaninchen auch aus einem umfunktionierten Weidenkorb gut. (Foto: Vogel)

Das ist jedoch nicht zwingend notwendig. Man kann das Heu durchaus auch auf den Boden legen und es dann täglich erneuern.

Die Gitterabstände oder Löcher von Heubehältnissen müssen so eng sein, dass die Tiere maximal die Schnauze durchstecken können, aber niemals mit dem ganzen Kopf hindurchgelangen (Erstickungsgefahr!).

Toilettenkiste

Stubenreinheit anzutrainieren ist oft nicht notwendig. Kaninchen sind meist sehr saubere Tiere, die als Toilette einen ganz bestimmten Platz aufsuchen. Sehr häufig ist das der Bereich, wo sie Nahrung aufnehmen. Sinnvollerweise sollte deshalb eine für mindestens zwei Kaninchen ausreichend große Plastikwanne (zum Beispiel eine ausrangierte Käfigunterschale oder eine Katzentoilette) unterhalb des Heubehältnisses aufgestellt werden, um Kot und Urin aufzufangen. Als Befüllung eignen sich Holzpellets, die Flüssigkeit sehr gut aufsaugen, staubarm sind und von den Kaninchen nicht benagt werden. Zum Schutz der Pfoten kann eine Lage Stroh oder Heu auf den Pellets verteilt werden. Andere Pelletsorten (Hanf, Stroh, Mais) werden von Kaninchen oft gefressen und können zu Verdauungsproblemen führen. Sägespäne sind als Einstreu zwar geeignet, sie haben jedoch den Nachteil, Flüssigkeiten nur begrenzt aufnehmen zu können. Katzenstreu darf nicht verwendet werden, da sie oral aufgenommen schnell zur tödlichen Gefahr wird. Damit das Kaninchen die Kiste sofort annimmt, ist es sinnvoll, Kotkugeln und etwas mit Urin verschmutzte Einstreu darin zu platzieren.

Durch Korkröhren können Kaninchen prima hoppeln und sich darin gut verstecken. (Foto: Hümpel)

Unterschlupf

Kaninchen haben in freier Wildbahn immer einen geschützten Rückzugsort in Form ihres Baus zur Verfügung. So ein sicherer Unterschlupf darf also auch im Lebensraum zu Hause nicht fehlen. Viele der im Fachhandel erhältlichen Häuser sind allerdings zu klein und haben nur einen Ausgang. Oft ist es günstiger, sich aus dem Baumarkt unbehandeltes Fichtenholz zu besorgen und mit den passenden Schrauben daraus einen niedrigen „Tisch" als Kaninchenbungalow zu zimmern, in dem mindestens zwei Kaninchen Platz finden. Die Tiere können nicht nur im Haus liegen, sondern das flache Dach auch als Aussichtsplattform nutzen.

Tunnel

Lange Tunnel zum Hindurchhoppeln oder Sichdarin-Verstecken gibt es aus Stoff, Holz, Kork oder Stein. Am sinnvollsten ist es, sich für Naturprodukte zu entscheiden, die den Kaninchen außerdem einen ungefährlichen Nagespaß bieten. Insbesondere für das Außengehege können Pflanzringe aus dem Baumarkt als Tunnel genutzt werden. Stofftunnel sind zwar praktisch, weil waschbar, allerdings benagen viele Kaninchen das Material sehr gern. Vorsicht vor Rascheltunneln mit Nylonnetzen. In diesen können Kaninchen mit ihren Krallen leicht hängen bleiben. Es besteht Verletzungsgefahr.

Buddelkiste

Das Graben von unterirdischen Gängen liegt im Naturell der Kaninchen. Je nach Haltungsform haben sie dazu jedoch kaum eine Möglichkeit. Um Löcher zu graben und den Inhalt von A nach B zu bewegen, kann man ihnen eine mit Sand gefüllte Kiste anbieten. Als Befüllung eignet sich ungedüngte Erde aus dem Garten oder alternativ Spielsand aus dem Baumarkt. Chinchilla- und Vogelsand ist zu feinkörnig und daher weniger geeignet.

Kaninchen sind Pflanzenfresser und brauchen viel frisches, saftiges Futter. (Foto: animals-digital/Hagedorn)

Naturnahe Ernährung – guten Appetit!

In der Natur ernähren sich Kaninchen überwiegend von sehr rohfaserreichen Gräsern und Wildkräutern sowie von Wurzeln und Zweigen mit Blattwerk. Wenn sich die Gelegenheit bietet, werden auch Gemüse und ein wenig Obst gefressen.

Der Speiseplan für unsere Hauskaninchen sollte sich an dem der Wildkaninchen orientieren. Back to basic heißt also die Zauberformel! Die richtige Ernährung ist die Grundlage für ein möglichst langes und gesundes Leben!

Frisches Grün

Zur gesündesten Kost gehört sehr viel frisches Grünfutter von unbelasteten und ungedüngten Wiesen. Wer einen Garten besitzt, der nicht direkt an einer Straße liegt, kann darin alles säen und ernten, was den Kaninchen schmeckt. Zusätzliche Ernte von Wildkräutern sollte möglichst fernab von Straßen und Gehwegen sowie weit weg von Hundewiesen erfolgen. Feldränder, an denen zahlreiche verfütterbare Pflanzen wachsen, scheiden als Sammelplatz aus, da hier oft Düngemittel hingelangen.

Nicht jeder Kaninchenhalter kann eine so naturnahe Ernährung umsetzen. Insbesondere in der Großstadt müssen weite Wegstrecken zurückgelegt werden, um die von den Kaninchen benötigten Mengen an frischem Grün aus der Natur zu beschaffen. Eine echte Alternative ist es, Wildkräuter in der Wohnung oder auf dem Balkon in einer Schale auszusäen. Saatgut gibt es im Gartenfachhandel. Die verwendete Erde sollte ungedüngt sein.

Das schmeckt den Kaninchen

Grünfutter: Breitwegerich, Brennnessel, Erdbeerblätter, Flockenblume, Franzosenkraut, Frauenmantel, Gänseblümchen, Giersch, Gräser, Hirtentäschel, Huflattich, Kamille, Kapuzinerkresse, Klee, Löwenzahn, Malve, Mariendistel, Ringelblume, Schafgarbe, Spitzwegerich, Sonnenblumen, Sonnenhut, Vogelmiere

Zweige/Blätter folgender Bäume/Sträucher: Apfel, Birke, Birne, Brombeere, Haselnuss, Heidelbeere (Blaubeere), Himbeere, Johannisbeere, Walnuss, Weide

Küchenkräuter: Basilikum, Dill, Kümmel, Majoran, Melisse, Oregano, Petersilie, Pfefferminze, Rosmarin, Salbei, Thymian, Zitronenmelisse

Heu

Neben Frischfutter gehört Heu zum Grundnahrungsmittel und sollte permanent zur Verfügung stehen. Je nach Ernteregion sind im Heu unterschiedliche Gräser und Kräuter enthalten. Am besten ist der erste Schnitt, der je nach Witterungsverhältnissen bereits ab Ende Mai/Anfang Juni geerntet wird. Dieses Heu ist sehr grob, energiereich und voller Nährstoffe (darunter Mineralien und Vitamine). Der zweite Schnitt ist bereits nährstoffärmer.

Wichtig ist in jedem Fall, dass das Heu gut getrocknet und grün ist, gut riecht und nicht staubt. Im Fachhandel gibt es Heu von zahlreichen Anbietern. Wer die Möglichkeit hat, kann hervorragendes und oft preiswerteres Heu über Pferdehalter beziehen. Und letztlich entscheiden die Kaninchen, welche Sorte sie bevorzugen!

Nimmt ein Kaninchen kein Heu zu sich, ist der beste Ersatz frisches Grün aus der Natur! Je mehr davon angeboten wird, umso weniger Heu wird gefressen, was keineswegs schlecht ist – im Gegenteil!

> **Vorsicht giftig!**
> Im Pflanzenreich gibt es giftige Doppelgänger! Bei der gepflückten Kost muss man sich immer hundertprozentig sicher sein, was geerntet wurde.

Eine gesunde Kaninchenmahlzeit könnte so aussehen. (Foto: Tschöpe)

Heucobs und -pellets sind nur bedingt geeignet. Oft enthalten sie ungesunde Zusatzstoffe. Rohfaserhaltiger Brei hat den Nachteil, dass er durch das direkte Schlucken dem Zahnabrieb nicht dient.

Gemüse und Obst

Es gibt eine Vielzahl an Obst- und Gemüsesorten. Die meisten davon können gesunden Kaninchen fast uneingeschränkt angeboten werden. Am besten kauft man Bioprodukte, da sie frei von schädlichen Pestiziden sind.

Blähende Gemüsesorten, zu denen viele Kohlsorten zählen, sollten sehr langsam, in geringen Mengen angefüttert werden, damit es nicht zu schmerzhaften Verdauungsproblemen kommt. Exotische Früchte sind zwar verlockend, gehören jedoch nicht zum natürlichen Nahrungsspektrum. Sie sollten daher, wenn überhaupt, nur einen geringen Teil der Ernährung ausmachen.

Das schmeckt den Kaninchen
Gemüse: Brokkoli, Chicorée, Chinakohl, Eisbergsalat, Endivie, Feldsalat, Fenchel, Grünkohl, Gurke, Karotte mit Kraut, Kohlrabi mit Blättern, Kohlrübe, Kopfsalat, Mais, Mangold,

Wissenswert
Sämtliche gesunde Nahrung ist für den Abrieb der Zähne wichtig, denn mit jeder Mahlzeit wird das Gebiss in Anspruch genommen. Frisches Grün von der Wiese oder sonstiges Frischfutter sind genauso förderlich wie Heu!

Paprika, Pastinake, Petersilienwurzel, Rosenkohl, Rote Bete, Rucola, Sellerie (Stange/Knolle), Spargel, Spinat, Topinambur, Wirsing, Zucchini

Obst: Ananas, Apfel, Banane, Birne, Brombeeren, Cranberris, Erdbeeren, Heidelbeeren (= Blaubeeren), Himbeeren, Johannisbeeren, Kiwi, Weintrauben

Samen

Samen gehören zur natürlichen Ernährung von Wildkaninchen. Doch wird die verfügbare Menge durch das in der Natur vorhandene Nahrungsangebot begrenzt – es gibt niemanden, der leer gefressene Samen wieder auffüllt. Bei Hauskaninchen ist das anders, weshalb ihnen diese „Dickmacher" leicht zum Verhängnis werden können. Viele Samen haben einen sehr hohen Fettgehalt (je nach Art und Sorte etwa 30 bis 45 Prozent). Sie sollten Hauskaninchen eher selten, keinesfalls täglich, und nur in geringen Mengen angeboten werden.

Das schmeckt den Kaninchen
Amarant, Fenchelsamen, Kürbiskerne, Leinsamen, Quinoa, Sesam, Sonnenblumenkerne

Getreide

Wildkaninchen ernähren sich eher getreidearm, obwohl ihnen je nach Lebensraum reichlich von diesem Futter zur Verfügung steht und sie zudem einen weitaus höheren Energiebedarf als Hauskaninchen haben, den sie mit Getreide gut decken könnten.

Für Hauskaninchen ist diese Kost ungesund. Der hohe Anteil an Kohlehydraten (insbesondere Stärke) muss durch körpereigene Enzyme in Zuckereinheiten zerlegt werden, bevor diese Nährstoffe überhaupt aufgenommen werden können. Stärke begünstigt die Entwicklung von sogenannten „Hefen". Diese Pilze sind in geringer Anzahl auch im Darm gesunder Kaninchen vorzufinden. In einem schlechten Darmmilieu können sie sich jedoch rasant ausbreiten. Verdauungsbeschwerden sind die Folge.

Eine zu energiereiche Ernährung kann zudem zu einer Verfettung führen, die mitunter auch Organschädigungen mit sich bringt. Zwar heißt es: „Allein die Dosis macht das Gift" (Paracelsus), doch wozu überhaupt etwas füttern, was krank machen und die empfindliche Darmflora unnötig belasten kann?

Trinkwasser

Den Großteil an Flüssigkeit nehmen Kaninchen zwar über das Frischfutter auf, dennoch muss täglich frisches Trinkwasser aus dem Napf zur Verfügung stehen. Das Anreichern des Wassers mit Säften oder Tee, um unterschiedliche Geschmackserlebnisse zu bieten, ist bei gesunden Kaninchen überflüssig. Es kann jedoch kranke Kaninchen zum Trinken animieren.

Rationiert oder ad libitum?

Nahrung muss den Kaninchen Tag und Nacht zur freien Verfügung stehen. Sinnvoll ist hier die sogenannte Ad libitum-Ernährung. Das bedeutet, die Tiere können rund um die Uhr aus verschiedenen frischen Futtermitteln nach Belieben frei wählen, was sie fressen möchten.

Bei rationierter Fütterung verbinden die Kaninchen mit der meist ein- bis zweimal täglichen Gabe etwas Besonderes und fressen dementsprechend schnell. Das kann dann leicht zu Störungen in der Verdauung führen.

Futtermenge

Schwierig ist es anfänglich, die richtige Futtermenge für die hungrigen Langohren herauszufinden. Die Mengen müssen individuell bestimmt und im Laufe eines Kaninchenlebens durchaus immer wieder neu angepasst werden. Als Faustregel lässt sich merken: Bis zur nächsten Fütterung sollten nur noch geringe Mengen der vorherigen Portion übrig sein. Bleiben größere Mengen liegen, ist die Futterration zu groß. Steht den Tieren rund um die Uhr frisches Futter zur Verfügung, so werden sie nur dann etwas aufnehmen, wenn sie Appetit dazu haben. Zu dick werden sie von dieser gesunden Ernährung nicht.

Futterumstellung

Sind die Kaninchen nicht an Frischfutter gewöhnt, muss die Umstellung darauf sehr langsam und über mehrere Wochen erfolgen, damit sich die Verdauung anpasst. Ansonsten wird der Organismus auf die frische Kost mit Durchfall reagieren, was oft als Unverträglichkeit gewertet wird und weswegen viele Kaninchenhalter ihren Tieren Frischfutter vorenthalten. Sinnvoll ist es, in den ersten Tagen geringe Mengen einer Gemüsesorte anzubieten und das Trockenfutter langsam zu reduzieren. Nach und nach kann

> **Fütterungsvorschlag**
> Morgens die Heuraufe frisch gefüllt inklusive eines reichhaltigen Angebots an frischem Gemüse (mindestens drei verschiedene Sorten). Mittags oder nachmittags einen großen Korb gefüllt mit frischem Grün aus der Natur. Alternativ verschiedene frische Küchenkräuter. Als Abendessen ein Bündel Zweige mit frischem Blattwerk sowie frisches Grünfutter, Gemüse und ein wenig Obst. Ist die Heuportion aufgefressen, die Raufe noch einmal nachfüllen.

dann das Angebot an frischer Kost gesteigert werden, bis schließlich gar kein Trockenfutter mehr verabreicht wird.

Überflüssige Kaninchenkost

Fehler in der Ernährung können sich äußerst negativ auf die Gesundheit von Kaninchen auswirken und sind eine der häufigsten Krankheitsursachen.

Verlockend ist das Angebot im Fachhandel, und noch dazu ist Fertigfutter so bequem zu verabreichen. Im Lauf der Jahre hat sich die Philosophie verbreitet, dass Kaninchen mit Trockenfutter ernährt werden und ab und an hartes Brot zum Abrieb der Zähne erhalten sollten. Ein fataler Irrtum! Die meisten Trockenfuttersorten sind viel zu energiereich und enthalten Stoffe, die in der Natur niemals den Weg ins Kaninchen finden würden und für deren Verdauung die

Darmflora nicht geschaffen ist. Dazu zählen unter anderem Konservierungsmittel, Farbstoffe, Melasse, Backnebenerzeugnisse, Molkereierzeugnisse, Milch, Zwiebackmehl, pflanzliche und tierische Nebenerzeugnisse. Zwar kann der Organismus lernen, sich damit mehr oder weniger zu arrangieren, doch kann diese Art der Fütterung auch zahlreiche vermeidbare Erkrankungen auslösen: Durchfall, Blähungen, Verstopfungen, Übergewicht, Verfettung von Herz und Leber, Gelenkbeschwerden und Sohlengeschwüre, um nur einige zu nennen.

Das ungeeignete Futter aus den bunten Verpackungen kann die Bildung von Abszessen im Ober- oder Unterkiefer fördern. Diese entstehen leicht durch unnatürliche Kaubewegungen, die zum Zerkleinern der oft sehr harten Futterbrocken erforderlich sind. Zwar sind Kaninchen dazu durchaus in der Lage, in der Natur besteht der Großteil ihrer Nahrung aber aus weichem, rohfaserhaltigem Saftfutter. Darauf ist der gesamte Kauapparat auch ausgerichtet.

Folgende Produkte sind überflüssig und können getrost vom Speiseplan gestrichen werden:

Trockengemüse/-obst
Viele Kaninchenhalter geben statt handelsüblichen Trockenfutters eine selbst zusammengestellte Mischung aus diversen Sorten von Trockengemüse und -obst. Das mag besser erscheinen als Trockenfutter, ist aber mindestens genauso überflüssig. Es ersetzt keine frische Mahlzeit und kann bei empfindlichen Tieren und zu großen Portionen zu Verdauungsbeschwerden führen, denn es entzieht dem Körper Flüssigkeit und quillt in Verbindung mit dieser auf. Ein weiterer Nachteil dieser Kost ist, dass sie trocknungsbedingt nur noch einen sehr minimalen Wasseranteil hat, dafür aber viele Kohlehydrate (Zucker, Stärke) enthält. Das kann dick machen und die Vermehrung von Hefepilzen in der Darmflora fördern.

Pellets
Gesunde Ernährung mit Pellets ist kaum möglich! Sagte man den Pellets lange nach, förderlich für den Zahnabrieb zu sein, so wurde das durch neue Erkenntnisse widerlegt. Tierärzte warnen vor der Fütterung von Pellets, da sie Zahnanomalien und die Bildung von Abszessen begünstigen können. Außerdem besteht bei unzureichendem Zerkauen und hastigem Schlucken Erstickungsgefahr!

Nagerpralinen, Knabberstangen & Co.
Mittlerweile gibt es Nagerpralinen, Drops, Waffeln und Marzipanriegel für Kaninchen. Es ist schwer verständlich, was Produkte mit derart ungeeigneten Inhaltsstoffen in der Ernährung von Tieren zu suchen haben. Fakt ist: Sie sind weder gesund, noch haben sie irgendeinen anderen Nutzen. Daher: Finger weg! Es gibt genug gesunde Alternativen, die man für den Zahnabrieb, als Beschäftigung und zur Belohnung anbieten kann.

Brot
Den Mythos, dass Kaninchen für den Zahnabrieb hartes Brot kauen sollen, kennen viele Tierhalter noch von ihren Großeltern. Und auf den ersten Blick erscheint dieser Tipp durchaus gut. Doch der Schein trügt: Mit nur wenig Speichel wird aus dem abgebissenen Stück Brot schnell eine weiche Masse, die unzerkaut geschluckt wird. Wie kann das dem Zahnabrieb dienen? Zudem enthält Brot viele Zutaten, die der Kaninchenverdauung schaden.

Kaninchen mögen Streicheleinheiten, sitzen dabei aber lieber auf dem Boden als auf dem Arm. (Foto: tierfotoagentur.de/Ramona Richter)

Zusammenleben mit Kaninchen

Kaninchen sind ausgesprochen lernfähig, und dennoch lassen sie sich nur begrenzt erziehen. Wie viel Erfolg man mit der Erziehung haben wird, ist individuell verschieden und hängt vom Wesen des Tieres ab sowie von seiner Motivation, gewisse Dinge zu tun. Mit viel Geduld und selbstverständlich gewaltfrei kann ein Training versucht werden. Natürlich nur, solange es den

Schnee macht Kaninchen mit Winterfell wenig aus. (Foto: von Droste)

Kaninchen Spaß macht. Vielen Kaninchen kann man antrainieren, dass sie auf Zuruf oder bei Ertönen eines bestimmten Geräusches (Zungenschnalzen, Klickgeräusch) kommen. Damit das klappt, darf man natürlich nicht vergessen, sie anfangs jedes Mal fürs Herkommen zu belohnen.

Zum Leidwesen sehr vieler Kaninchenhalter mögen es die meisten Langohren oft gar nicht, wenn man sie hochhebt und auf den Arm nimmt. Die wenigsten verhalten sich still und genießen diese Situation. Kaninchen möchten wesentlich lieber gestreichelt werden, wenn man sich dazu zu ihnen auf den Boden setzt und sie sich jederzeit zurückziehen können. Natürlich gibt es Ausnahmesituationen, die ein Hochnehmen und Tragen erfordern. Wichtig ist hierbei, das Kaninchen mit festem Griff zu halten, damit es nicht versehentlich hinunterfällt und sich möglicherweise verletzt.

Mit Kaninchen durch das Jahr

Seine Kaninchen durch das Jahr zu begleiten, ist sehr interessant. Dem Wechsel der Jahreszeiten passen sich Kaninchen an und zeigen unterschiedliche Verhaltensweisen.

Frühling
Jetzt erwachen die Frühlingsgefühle bei den Kaninchen. Die Winterruhe ist vorbei, die Aktivität nimmt zu. Klärung der Rangordnung und Scheinschwangerschaften können vorkommen.

In der Natur lädt das erste frische Grün zum Verfüttern ein – doch Vorsicht: Ein Zuviel kann schnell zu Verdauungsstörungen führen. Langsames Anfüttern mit kleineren Portionen ist sinnvoll. Den ersten Ausflug in den Garten sollte man Kaninchen aus Innenhaltung erst erlauben, wenn der Boden die Wärme der Sonne speichert. Der Organismus bereitet sich nun auf die wärmere Jahreszeit vor, auffälligstes Anzeichen dafür ist der Fellwechsel. Notwendige Impfungen sollten aufgefrischt werden.

Sommer

Kühle Schattenplätze sind nun ein Muss. Im Gehege ausgelegte Fliesen bleiben meist angenehm kühl. Im Außengehege kann man durch Abspritzen des Gehegedaches und der um das Gehege wachsenden Pflanzen an sehr heißen Tagen für eine kühlende Brise sorgen. Die Gehegehygiene ist nun umso penibler zu beachten, damit Fliegen keine Eier ablegen und es auf gar keinen Fall zu einem Fliegenmadenbefall kommt. Zum Hochsommer hin kann damit begonnen werden, frisch gepflücktes Grün aus der Natur zum Verzehr während des Winters zu trocknen.

Herbst

Erneut steht ein Fellwechsel an – das leichte Sommerkleid wird zum Winterpelz. Energiereiche Kost ist nicht verkehrt. Das Immunsystem von älteren Kaninchen kann mithilfe einer Kur gestärkt werden, um den Organismus auf die kalte Jahreszeit vorzubereiten. Im Außengehege sollten regendichte Schutzhäuser vorhanden sein, die man bereits jetzt mit einer dicken Lage Stroh ausstatten kann. Halbjährlich fällige Impfungen müssen jetzt aufgefrischt werden.

Winter

Während bei Innenhaltung wenig zu tun ist, ist ein Außengehege noch vor dem ersten Frost winterfest zu machen. Damit dort das Wasser und Frischfutter nicht einfriert, sollten mehrmals täglich kleinere Portionen verabreicht werden. Zweige vom Christbaum als Leckerei sind ganz gemeint, dürfen jedoch nur dann gereicht werden, wenn sie von einer unbehandelten Biofichte stammen. An Silvester sehr ängstliche Kaninchen können mithilfe der Bachblütenmischung „Notfall" beruhigt werden. Bei Innenhaltung bietet sich an, vorhandene Rollläden zu schließen und beruhigende Musik einzuschalten.

Kaninchen verstehen

Kaninchen verständigen sich hauptsächlich mittels Körpersprache und nutzen nur wenige Lautäußerungen. Ihre Sprache und ihr Verhalten lassen sich mit etwas Zeit und genauen Beobachtungen sehr schnell verstehen.

Komfortverhalten

Fell-/Körperpflege: Kaninchen sind sehr reinliche Tiere, die viel Zeit in die Körperpflege investieren. Sie putzen sich durch Belecken und mithilfe der Pfoten.

Blinddarmkot aufnehmen: Das ist ein natürliches Verhalten, das nichts mit einer Mangelerscheinung zu tun hat.

Wälzen: Werfen sich Kaninchen auf die Seite und wälzen sich auf dem Boden, so ist das ein Ausdruck höchsten Wohlbefindens.

Haken schlagen: Besondere Lebensfreude zeigen Kaninchen durch Hakenschlagen und Mit-dem-Kopf-Schütteln.

Gegenseitiges Berammeln dient nicht nur zur Fortpflanzung, sondern auch der Klärung der Rangordnung. (Foto: tierfotoagentur.de/Sabine Schwerdtfeger)

Der Zwergwidder ist aufmerksam und prüft, ob Gefahren drohen. (Foto: Vogel)

Ruhen/Schlafen: Hierzu gibt es sehr viele Positionen. Manche Kaninchen liegen mit geschlossenen Augen auf der Seite, insbesondere dann, wenn sie sich absolut sicher fühlen. Andere schlafen mit seitlich vom Körper oder nach hinten weggestreckten Hinterläufen. Außerdem können Kaninchen auch gähnen.

Sozialverhalten

Anstupsen: Ein sanftes Mit-der-Nase-Anstupsen gehört zur Begrüßung.

Gegenseitige Fell-/Körperpflege: Das Belecken des Partnertieres dient der Pflege des Sozialkontakts.

Finger/Kleidung belecken: Diese Geste kann mit dem Putzen des Kaninchenpartners verglichen werden. Es bedeutet, man wird gemocht, gehört zur Sippe dazu.

Rammeln: Das gegenseitige Berammeln gehört nicht nur zur Paarung, sondern dient auch der Klärung der Rangordnung. In diesem Fall wird es von beiden Geschlechtern gezeigt.

Erkundungs- und Revierverhalten

Markieren: Das Territorium wird in regelmäßigen Abständen durch Kinnreiben markiert und es werden mit entsprechendem Duft benetzte Kotkugeln fallen gelassen. Manche Kaninchen verspritzen außerdem Urin.

Aggressives Verhalten: Ohren anlegen und mit Kopf und Vorderpfoten nach vorn schießen ist ein Zeichen für einen Angriff zur Verteidigung. Meist knurrt das Tier dabei.

Unterwürfigkeit: Diese zeigt ein Kaninchen, indem es den Kopf ganz flach auf den Boden drückt und die Ohren anlegt (Demutsgebärde).

Auf der Seite liegen und relaxen – dieses Kaninchen lässt es sich richtig gut gehen. (Foto: Tschöpe)

Fluchtverhalten

Trommeln: Kaninchen schlagen kräftig mit den Hinterläufen auf den Boden, wenn sie glauben, dass Gefahr droht und sie ihre Sippe warnen wollen.

Flucht: Haben Kaninchen die Möglichkeit dazu, fliehen sie in rasantem Tempo vor der vermeintlichen Gefahr.

Haken schlagen: Das ist für viele Kaninchen Ausdruck des Wohlbefindens, wird aber auch während der Flucht vor einem Fressfeind ausgeführt, um diesen abzuhängen und in die Irre zu führen.

Sexualverhalten, (Schein-)Trächtigkeit

Rammeln: Beim Deckakt setzt sich das Männchen auf das Weibchen und berammelt es.

Buddeln/Scharren: Die Weibchen scharren wie wild auf dem Boden oder in der Toilettenkiste, wenn ihr Instinkt ihnen sagt, dass sie einen Bau für die bevorstehende Geburt anlegen müssen. Das ist auch bei scheinschwangeren Kaninchen so.

Fellrupfen: Das Weibchen rupft sich bei der (Schein-)Trächtigkeit Fell aus Wamme und Bauch aus. Dieses Verhalten dient der Gewinnung von Nistmaterial.

Das Überhoppeln von Hindernissen bietet Kaninchen willkommene Abwechslung. An der Leine geführt werden sollten sie dabei nicht. (Foto: schanz-fotodesign.de)

Nestbau: Mit dem ausgerupftem Fell und Heu/Stroh baut das Weibchen ein Nest, wenn es trächtig oder „nur" scheinschwanger ist.

Kaninchengeräusche

Obwohl Kaninchen zu den stilleren Gefährten gehören, sind sie durchaus in der Lage, sich durch Geräusche bemerkbar zu machen.

Knurren: Dieses Geräusch ertönt, wenn dem Kaninchen etwas nicht passt, zum Beispiel, wenn es in Ruhe gelassen werden möchte.

Brummseln: Mit diesem kehligen Laut zeigen Kaninchen ihre Paarungsbereitschaft an, während sie um das Partnertier herumspringen.

Wimmern: Leise wimmernde Geräusche äußern Kaninchen, wenn sie sich einem ranghöheren Tier unterwerfen.

Zähne aufeinandermahlen: Dies kommt in zwei Situationen vor: Zum einen, wenn es dem Kaninchen gut geht und es sich absolut wohlfühlt. Seine Körperhaltung ist dann sehr entspannt, oft liegt es auf der Seite und hat seine Augen geschlossen. Ebenso kann dieses Geräusch aber auch ein Zeichen für große Schmerzen sein. Der ganze Körper ist dann angespannt, das Tier will nicht fressen und ist apathisch. In diesem Fall ist schleunigst der Tierarzt aufzusuchen.

Schreie: In Todesangst können Kaninchen sehr schrill schreien.

Beschäftigung

Anders als andere Tierarten können sich Kaninchen sehr gut selbst beschäftigen. Dennoch freuen sich die Langohren natürlich, wenn sich ihr Mensch Zeit für sie nimmt. Wer mag schon tagein, tagaus von früh bis spät den gleichen Tagesablauf?! Sicherlich kann man Kaninchen nicht so trainieren wie einen Hund. Trotzdem sind sie sehr intelligent, durchaus lernfähig und wollen mitunter sogar gefordert werden. Allerdings darf ein solches Trainingsprogramm nie in Stress ausarten. Immer das Tier muss entscheiden, ob nun der richtige Zeitpunkt für die Kaninchenschule ist.

Erkundungstour
Kaninchen finden es interessant, ihren Lebensraum immer wieder neu zu erkunden. Warum also nicht einmal das Gehege mit neuen Gegenständen anders gestalten? Oder vorhandene Dinge umstellen? Viele Kaninchen finden es auch toll, wenn man in Pappkartons Ein- und Ausgänge schneidet und sie mit frischen oder getrockneten Zweigen mit Blättern (zum Beispiel von Haselnussstrauch, Apfelbaum oder Weide) befüllt.

Fütterung mal anders
Sich das Futter erarbeiten zu müssen, ist für viele Kaninchen eine sehr willkommene Abwechslung. Entweder man fädelt verschiedene Gemüse- und Obstscheiben auf eine Schnur und hängt sie in für die Tiere erreichbarer Höhe auf, oder man versteckt das Futter, damit die Kaninchen danach suchen müssen. Leere Papprollen lassen sich mit Heu und Trockenkräutern oder mit frischem Grün befüllen. Im Fachhandel gibt es sogenannte Futterbäume, in die man Karotten oder Zweige stecken kann. Verzehrbare Zweige mit Blattwerk können mit etwas Geschick auch einfach so im Gehege aufgestellt werden. So ein „Wald" sieht nicht nur schick aus, das Fressen wird für die Kaninchen zu etwas Besonderem.

Kaninchen, hüpf!
Ein Hindernisparcours lässt sich aus unterschiedlich hohen Kisten, Kartons, Ästen oder umgedrehten Körben sehr individuell gestalten. Mithilfe einer Leckerei, die zum Beispiel an einer Schnur befestigt wird, kann man die Kaninchen über diesen Parcours locken, falls sie nicht sogar von selbst darüberhoppeln.

Kaninhop
Die Sportart Kaninhop entstand vor 25 Jahren in Skandinavien. Sie soll die natürlichen Eigenschaften der Kaninchen fördern, insbesondere ihre Bewegungsfähigkeit sowie das Lernvermögen. Dazu werden sie an Leinen über diverse Hindernisse geführt.

Kaninchen sollten Hindernisse jedoch aus Spaß überwinden, und das bitte leinenlos. Es besteht außerdem eine gewisse Unfallgefahr, sollten die Tiere einmal die Flucht ergreifen, denn genau diese Möglichkeit wird ihnen durch die Leine genommen.

Kaninchen betreiben eine regelmäßige und gründliche Körperpflege. (Foto: tierfotoagentur.de/Babette Schwob)

Gesundheit und Pflege

Im Zusammenleben mit Kaninchen ist die schönste Zeit sicherlich die, in der es Mensch und Tier gut geht und es keine gesundheitlichen Einschränkungen gibt. Für ein starkes und stabiles Immunsystem und eine gute Gesundheit der Kaninchen ist neben gesunder Ernährung und großzügigem Platzangebot ein gewisses Pflegeprogramm sehr wichtig.

Gesundheitscheck

Um mögliche Krankheiten rechtzeitig zu erkennen und entsprechend handeln zu können, bieten sich regelmäßige Gesundheitschecks an.
Wurden eine oder mehrere Fragen mit Nein beantwortet, ist der Tierarzt aufzusuchen:

Täglicher Check:
Erscheinen alle Kaninchen zur Fütterung?
Bewegen sich alle Kaninchen normal und benutzen alle Gliedmaßen?
Sind die Kotkugeln normal geformt?
Ist das Kinn sauber, frei von Verklebungen?
Sind die Augen sauber und ohne Ausfluss?
Ist die Nase sauber?
Fühlt sich das Fell weich an und ist glänzend?

Monatlicher Check:
Ist das Gewicht unverändert?
Sind Ober- und Unterkiefer frei von Zubildungen?
Sind die Ohren sauber?
Ist das Fell dicht, ohne nackte Stellen?
Sind die Krallen kurz geschnitten?
Sind die Pfotenballen frei von Rötungen?
Sind After und Genitalien sauber, ohne Verklebungen und Wunden?

Wichtig:
Als Tierhalter sollte man sich immer auf seine Intuition verlassen. Hat man das Gefühl, dass mit einem Kaninchen irgendetwas nicht stimmt, sollte man lieber zu früh handeln und den Tierarzt aufsuchen als zu spät.

Wellness für Langohren

Kaninchen sind reinliche Tiere, die sich um die eigene Körperpflege sehr gut selbst und ohne menschliche Hilfe kümmern können. Dennoch kann es notwendig sein, ab und an ein Wellnessprogramm durchzuführen:

Bürsten
Während des Fellwechsels im Frühjahr und Herbst haaren Kaninchen sehr stark. Die losen Haare werden bei der Fellpflege oral aufgenommen und können im Verdauungstrakt zu einem Haarballen verklumpen (Verstopfungsgefahr!). Regelmäßiges Bürsten während der Fellwechselperioden kann Abhilfe schaffen.

Insbesondere langhaarige Kaninchen (zum Beispiel Angora) müssen sogar das ganze Jahr über regelmäßig gebürstet werden, damit ihr langes Fell nicht verfilzt.

Krallen schneiden
Viele Hauskaninchen leben auf einem unpassenden, zu weichen und ebenen Boden, auf dem sich die Krallen nicht ausreichend abnutzen können, wie dies bei Wildkaninchen der Fall ist. Zu lange Krallen können mit der Zeit zu Fehlbelastungen und folglich Fehlstellungen der

Mit etwas Übung kann man die Krallen leicht selbst kürzen. Aber bitte nicht in die Blutgefäße schneiden. (Foto: Hümpel)

Pfoten führen. Aus diesem Grund sollten Tierhalter oder der Tierarzt regelmäßig mit einer im Fachhandel erhältlichen Krallenzange nachhelfen. In den Krallen verlaufen Blutgefäße, die keinesfalls verletzt werden dürfen. Diese lassen sich bei sehr hellen Krallen deutlich erkennen. Ist man sich unsicher, wie weit man schneiden kann, zeigt der Tierarzt dies sicher gern.

Baden

Das Baden von Kaninchen ist nur dann notwendig, wenn das Fell starke Verschmutzungen aufweist, was in der Regel nur bei erkrankten Tieren vorkommt. Hier sind es insbesondere After, Geschlechtsteil und Pfotensohlen, die gereinigt werden müssen. Bitte niemals das gesamte Tier baden oder duschen! Zum Säubern kann man etwas lauwarmes Wasser in das Waschbecken einlaufen lassen und wenige Tropfen Babyshampoo zugeben. Nun wird das Kaninchen mit dem Po und den schmutzigen Hinterläufen in das Wasser gesetzt. Ein Tuch hilft beim Reinigen. Anschließend muss das Shampoo äußerst sorgfältig ausgespült werden, damit das Kaninchen später keinesfalls Reste oral aufnimmt, wenn es sich putzt. Damit es sich nicht erkältet, ist es anschließend gut abzutrocknen und kann mit lauwarmer Luft geföhnt werden.

Hygienemaßnahmen

Krankheiten können durch unzureichende Hygiene im Lebensraum der Kaninchen entstehen und sich sehr leicht verbreiten. Zwar müssen die Langohren keinesfalls in einem sterilen Zuhause leben, Sauberkeit muss jedoch sein. Diese wird durch folgende Maßnahmen gewährleistet:

- Futter-/Trinknapf täglich mit heißem Wasser und Spülmittel reinigen.
- Futterreste regelmäßig entfernen.
- Mehrmals wöchentlich die nasse Einstreu aus der Toilettenkiste entfernen sowie mindestens einmal wöchentlich das Behältnis desinfizieren (zum Beispiel mit Essigessenz und kochendem Wasser).
- Gesamten Lebensraum mindestens einmal wöchentlich säubern.
- Inhalt der Buddelkiste austauschen, wenn dieser verschmutzt ist.

Wichtig!
Nach dem Kontakt mit einem kranken Kaninchen Hände waschen nicht vergessen!

Nach dem Einzug eines neuen Kaninchens sollte man mit notwendigen Impfungen warten, bis sich das Tier gut eingewöhnt hat. (Foto: tierfotoagentur.de/Ramona Richter)

- Spielzeug und sonstige Einrichtungsgegenstände mindestens einmal pro Monat reinigen.

Ist ein Kaninchen erkrankt, muss noch größere Sorgfalt auf die Hygiene verwendet werden. Gehege und Einrichtungsgegenstände sind dann penibler und häufiger zu reinigen.

Impfungen

Als Vorsorgemaßnahme gegen ganz bestimmte Krankheiten gibt es für Kaninchen drei Impfungen. Der Impfschutz muss nach der Grundimmunisierung einmal, je nach Impfung auch mehrmals jährlich aufgefrischt werden. Es ist wichtig, nur gesunde Tiere zu impfen! Vorheriger Stress sollte vermieden werden. Das bedeutet, dass man nach dem Einzug eines neuen Kaninchens oder nach einer Zusammenführung mit dem Impfen noch etwas warten sollte.

Kaninchenschnupfen

Hinter dem Kaninchenschnupfen verbirgt sich eine bakterielle Infektion, die durch direkten Kontakt mit infizierten Tieren übertragen wird. Erkrankte Tiere leiden unter Nasenausfluss und Atemwegsproblemen, schlimmstenfalls kommt es in der Folge zu einer Lungenentzündung. Leider gibt es zahlreiche Bakterienstämme, die den Schnupfen verursachen können, und die Impfung schützt längst nicht vor allen. In erster Linie ist diese Impfung als Bestandsimpfung bei Zuchten wichtig.

Myxomatose

Die Myxomatose (Kaninchenpest) ist eine in Deutschland weitverbreitete Viruserkrankung. Sie befällt Wildkaninchen und in Innen- oder Außenhaltung lebende Hauskaninchen, seltener auch Feldhasen. Sie wird in erster Linie von Stechmücken übertragen. Weiterhin kann das Virus direkt (von Tier zu Tier) übertragen und über Gegenstände (kontaminiertes Grünfutter aus der Natur oder Schuhe) eingeschleppt werden. Die Chancen auf eine erfolgreiche Therapie stehen bei Myxomatosepatienten eher sehr schlecht. Zwar gibt es immer mal wieder Kaninchen, die eine Erkrankung überleben, der Großteil stirbt aber leider elend.

Erkrankte Tiere können Schwellungen im Kopfbereich (insbesondere Augenlider, Maul und Lippen, Ohren) und im Genitalbereich aufweisen. Diese dehnen sich weiter aus. Schluck- und Atembeschwerden können die Folge sein. Treten erste Anzeichen auf, so kämpft das Tier mit dem Virus bereits seit drei bis zehn Tagen. Viele Tiere verenden etwa 14 Tage nach der Ansteckung.

Bei der chronischen Form der Myxomatose kommt es häufig zu einer Pustelbildung. Das Kaninchen kann sich erholen, trägt das Virus jedoch lebenslang in sich.

Einziger Schutz ist eine regelmäßige Impfung. Zunächst erfolgt die Grundimmunisierung, die nach spätestens vier Wochen aufgefrischt werden muss. Danach sollte in mindestens halbjährlichen Abständen nachgeimpft werden. In Risikogebieten, in denen Myxomatose sehr häufig auftritt, empfiehlt sich eine quartalsweise Impfung.

RHD (Rabbit Hemorrhagic Disease)

Die RHD (auch Chinaseuche genannt) ist eine relativ junge Viruserkrankung, die nur Wild- und Hauskaninchen befällt. Sie wurde 1984 in China erstmals bemerkt und durch importiertes Fleisch/Fell weltweit verbreitet. Der Erreger wird durch direkten Kontakt zu erkrankten Tieren, über Gegenstände (Schuhe, kontaminiertes Futter) sowie durch Stechmücken übertragen. Bei der Erkrankung kommt es zu einer hochgradigen Störung der Blutgerinnung. Diese führt zu punktförmigen Blutungen in sämtlichen Geweben. Leberentzündung, Verkalkungen der Leberzellen und apathisches Verhalten sind weitere Symptome. Erkrankte Tiere sterben sehr schnell, meist binnen 48 Stunden. Eine Therapie gibt es nicht.

Einen Schutz vor RHD bietet einzig und allein eine Impfung. Sie kann ab der sechsten Lebenswoche erfolgen und wird jährlich aufgefrischt.

Tularämie (Hasenpest)

Die Tularämie ist eine hoch ansteckende Krankheit, die überwiegend Wildtiere befällt (insbesondere Feldhasen und Wildkaninchen, aber auch Ratten, Mäuse und Eichhörnchen) und von diesen auch übertragen werden kann, ebenso wie durch blutsaugende Parasiten und über eine kontaminierte Umwelt. Es reichen geringe Erregermengen aus, um eine Infektion hervorzurufen. Die sogenannte Hasenpest ist in Deutschland meldepflichtig! Eine Impfung gibt es nicht.

Kranke Kaninchen benötigen zeitnah tierärztliche Hilfe. (Foto: animals-digital.de/Thomas Brodmann)

Krankes Langohr – was nun?

Sobald sich eines der Kaninchen anders verhält als normal, sollten die Alarmglocken schrillen und ein Tierarzt aufgesucht werden, auch dann, wenn es dem Langohr in den Abendstunden, am Wochenende oder am Feiertag nicht gut geht!

Leider gehen viele Kaninchenhalter erst dann zum Arzt, wenn mehr als deutliche Anzeichen zusehen sind. Manchmal ist dieser Zeitpunkt bereits zu spät. Die Medizin kann zwar vieles, jedoch noch nicht zaubern.

Von Eigentherapien ohne tierärztliche Diagnose sollte zum Wohl des Kaninchens dringend Abstand genommen werden. Dies kann fatale Folgen haben und wertvolle Zeit kosten.

Hinter dem Auftreten einer Krankheit können zahlreiche Ursachen stecken. Die Therapie ist das eine, die Ursachenfindung das andere! Oft ist es notwendig, weitreichender nachzuforschen, warum es zum Beispiel zu Nasenausfluss oder Verdauungsstörungen kommt. Die Schulmedizin bietet eine sehr umfangreiche Diagnostik an, die genutzt werden sollte. Oft zeigt sich im Zuge der Behandlung bereits, was aus tierärztlicher Sicht für die Störung verantwortlich war. Meist ist das jedoch nicht alles, weshalb der Halter auch zu Hause, im Umfeld des Kaninchens, nach möglichen Ursachen forschen sollte. So kann beispielsweise eine falsche Ernährung wiederkehrende Magen-Darm-Erkrankungen hervorrufen. Es reicht nicht, diese Beschwerden ausschließlich mit Medikamenten zu behandeln. Damit die Probleme nicht wieder auftreten, muss auch die Fütterung entsprechend umgestellt werden.

Tierarztwahl

Nicht jeder Veterinärmediziner ist im Umgang mit Kaninchen, besonders was die Diagnose und Therapie von artspezifischen Erkrankungen betrifft, auf dem aktuellen Stand der Medizin. Dazu gibt es einfach zu viele verschiedene Tierarten in der Sprechstunde. Äußerst hilfreich kann es sein, sich bei befreundeten Kaninchenhaltern oder über das Internet nach einem kaninchenerfahrenen Arzt in der Nähe zu erkundigen.

Im Zweifelsfall sollte man die Meinung eines zweiten Tierarztes einholen. Dies ist besonders bei sehr schweren Erkrankungen zu empfehlen.

Der Gang zum Tierarzt

Der Tierarztbesuch bedeutet für die meisten Kaninchen Stress. Sie sind nervös und unruhig, manche Tiere sogar panisch. Hier kann die Gabe der Bachblütenmischung „Notfall" helfen, die es als Globuli in vielen Apotheken gibt. Ist bis zum Termin genügend Zeit, sollte bereits drei Tage vorher mit der zweimal täglichen Gabe von je zwei Globuli begonnen werden.

Selbst wenn nur eines der Kaninchen krank ist, kann das Partnertier als Begleitung mitgenommen werden. Viele Kaninchen ertragen den Stress dann wesentlich leichter. Dies richtet sich jedoch nach der Erkrankung und ist im Einzelfall zu entscheiden.

Transport im Sommer
Für die hitzeempfindlichen Kaninchen kann ein Transport während der Sommermonate lebensbedrohlich sein. Fahrzeuge ohne Klimaanlage heizen zu sehr auf, was bei den sensiblen Langohren trotz geöffneter Fenster schnell zu einem Hitzschlag führen kann. Zwingend erforderliche Tierarzttermine sollten daher in die frühen Morgenstunden gelegt werden. Außerdem können mehrere Kühlakkus unter einer dicken Lage Handtücher für etwas Abkühlung sorgen.

In einer ausreichend großen Transportbox reisen Kaninchen sicher an ihr Ziel. (Foto: Vogel)

Bei Durchfall oder anderweitig verändert aussehenden Kotkugeln sollte eine Probe in einem Plastiktütchen mit zum Tierarzt genommen werden.

Am sichersten verstaut steht die Transportbox mit den Kaninchen auf dem Boden zwischen Beifahrersitz und Rücksitzbank. So kann im Falle eines plötzlichen Bremsmanövers nichts passieren.

Wissenswert
Bei sehr starken Schmerzen mahlt das Kaninchen mit den Zähnen und ist apathisch.

Vorsorge und Erste Hilfe bei Gesundheitsproblemen

Kaninchen können an den unterschiedlichsten Krankheiten leiden, über die man ganze Bücher füllen kann. Hier sollen die häufigsten Erkrankungen kurz dargestellt werden, mit Tipps für die Vorsorge und geeigneten Erste-Hilfe-Maßnahmen.

Zahnerkrankungen
Die stets nachwachsenden Zähne müssen regelmäßig überprüft werden, um unkontrolliertes Wachstum zu verhindern. Zahnspitzen können sehr schmerzhafte, entzündliche Wunden in Zunge und Maulraum verursachen. Sind die Zähne zu lang, kann das Kaninchen nur noch bedingt Nahrung aufnehmen. Viele Kaninchen

kauen dann unrund, sofern sie überhaupt noch zur Fütterung erscheinen. Schmerzhafte Verdauungsprobleme können auftreten, bis hin zum Erliegen der Verdauung.

Auch lose Zähne und ohne Röntgenbild nicht zu erkennende Fehlstellungen der Zahnwurzeln können zur Einstellung der Futteraufnahme führen! Einseitiges aus Auge oder Nase ausfließendes Sekret kann ebenfalls auf Zahnprobleme hindeuten.

Zur Vorsorge gegen Zahnerkrankungen eignet sich eine rohfaserreiche Ernährung aus reichlich frischem Grün, Heu und Zweigen mit Blattwerk.

Abszesse

Abszesse können auf vielfältige Weise entstehen. Es handelt sich dabei um eitrige Infektionen, die sehr häufig durch Bakterien verursacht werden.

Kieferabszesse können durch Zahnanomalien und falsche Ernährung ausgelöst werden. Die Diagnosestellung erfolgt in der Regel mittels Röntgenbild. Die Therapie besteht meist aus Entfernung der möglichen Ursache (unter Umständen das Ziehen des Zahnes) und Spülen der Wunde.

Des Weiteren gibt es Nadelabszesse, die bei Kaninchen an einer Einstichstelle entstehen können (zum Beispiel nach dem Impfen), und Weichteilabszesse, denen oft Bisswunden vorangingen.

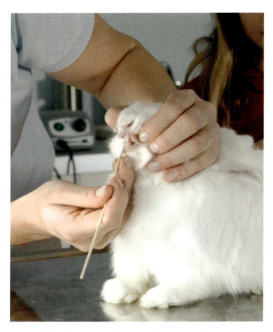

Regelmäßige Zahnkontrollen beim Tierarzt sind wichtig! (Foto: animals-digital.de/Thomas Brodmann)

> **Empfehlung bei Abszessen**
>
> Nach der operativen Öffnung des Abszesses sind regelmäßige Spülungen zur Desinfektion wichtig, zum Beispiel mit Calendula-Essenz. Solange der Abszess gespült werden muss, ist auf die orale Gabe von wundheilungsfördernden Präparaten, darunter Arnica, zu verzichten. Andernfalls kann sich die Wunde zu schnell schließen.

Verdauung

Kaninchen schlägt sehr vieles auf Magen und Darm, was zu äußerst schmerzhaften Beschwerden führen kann, die meist lebensbedrohlich sind. Veränderungen von Fressverhalten und Ausscheidungen (darunter Weichkot, Durchfall, fehlendes Absetzen von Kot) sind daher immer ernst zu nehmen! Kaninchen mit Verdauungsproblemen sind meist sehr unruhig und wissen nicht, wie sie sich hinlegen sollen. Die Fortbewegung kann Schwierigkeiten bereiten. Ihr Bauch ist druckempfindlich. Für derartige Beschwerden können auch Parasiten verantwortlich sein. Eine Kotprobe ist deshalb ratsam.

Nach der Diagnosestellung durch den Tierarzt kann stark verdünnter Fencheltee (Verhältnis 1 : 10) die Verdauung beruhigen. Nimmt das Tier noch Nahrung auf, sollte diese aus nicht blähendem, leicht verwertbarem, frischem Grünfutter bestehen.

Fliegenmaden

Fliegen, insbesondere Fleisch- und Schmeißfliegen, suchen während der warmen Jahreszeiten eine Ablagestelle für ihre Eier. Bevorzugt werden diese in durch Urin oder Kot verschmiertes Fell, in die Hauttaschen rund um den Genitalbereich oder in frische Wunden abgelegt. Schlüpfen die Maden, so ernähren sie sich entweder vom Gewebe oder aber von den Ausscheidungen des Kaninchens. Die Haut des Kaninchens reagiert mit einer Infektion. Die Entfernung der Maden und die Wundversorgung muss schleunigst durch den Tierarzt erfolgen.

Während der Sommermonate ist es daher wichtig, die Tiere regelmäßig auf Verletzungen oder Hautveränderungen zu untersuchen und verschmutztes Fell zu reinigen. Penible Hygiene im Gehege sollte selbstverständlich sein.

Atemwegsinfektionen

Viren und Bakterien machen auch vor Kaninchen keinen Halt. Erkrankungen der Atemwege kommen häufig vor und können sich leicht zu chronischen Zuständen entwickeln. Ein Abstrich zur Erregerbestimmung kann sinnvoll sein, um unter den vielen Antibiotika das mit dem am besten passenden Wirkstoff auszuwählen.

> **Empfehlung bei Schnupfen**
> Die Fütterung von Kräutern (Echinacea, Löwenzahn, Salbei, Spitzwegerich, Thymian) bietet sich neben der Gabe von stark verdünntem Salbeitee (Verdünnung 1 : 10) an. Das Inhalieren mit Kochsalzlösung ist sehr effektiv.
> Achtung: Inhalationen mit Kamille sind tabu. Kamille wirkt austrocknend und kann die Schleimhäute unnötig reizen.

Enzephalitozoonose

Die Symptome des Befalls mit dem parasitierenden Erreger Enzephalitozoon cuniculi sind vielfältig. Meist weisen Kopfschiefhaltung, Verlust des Gleichgewichtssinns sowie Pupillenrollen (Nystagmus) auf den Ausbruch der Erkrankung hin. Etwa 80 Prozent der Kaninchenpopulation sind Träger, müssen jedoch nicht zwangsläufig erkranken. Bei vielen Kaninchen schafft es das Immunsystem sehr gut, den Erreger in Schach zu halten. Treten Symptome auf, ist eine rasche Behandlung wichtig, denn umso schneller kann eine Stabilisierung des Zustands eintreten. Dazu gehört neben der mindestens dreiwöchigen Gabe des Wirkstoffs Fenbendazol auch die Verabreichung von Vitamin B, Infusionen, einem Antibiotikum sowie gegebenenfalls Cortison. Die Behandlung erfordert Geduld: Oft dauert es sieben bis zwölf Tage, bis eine erste Besserung eintritt. Schmerzen haben die Kaninchen in der Regel nicht, doch es ist ein äußerst ungewohnter Zustand.

Selbst mit einem Schiefhals kommen Kaninchen sehr gut zurecht – oft besser, als man denkt. (Foto: Klaedtke)

In vielen Fällen bildet sich die Kopfschiefhaltung zurück und ist meist bereits nach mehreren Wochen nicht mehr sichtbar. Bleibt die Schiefe, so kommen die Kaninchen mit diesem Handicap äußerst gut zurecht.

Blasen-/Nierenerkrankungen

Verändertes Verhalten beim Urinieren, plötzliche Unsauberkeit und andersfarbiger Urin können Zeichen für eine Erkrankung im Urogenitalbereich sein. Urintest, Röntgenbild oder Ultraschall helfen bei der Diagnose. Der Tierarzt empfiehlt dann die jeweils bestmögliche Behandlung.

Rötlicher Urin muss nicht immer krankhaft sein. Nach Aufnahme von verschiedenen Futtermitteln, darunter Löwenzahn, Haselnussblätter und Rote Bete, kann zeitweise eine rötliche Färbung auftreten.

Empfehlung bei Blasen-/Nierenerkrankungen

Eine hohe Flüssigkeitszufuhr ist wichtig. Durch Zugabe von geringen Mengen eines Saftes mit 100 Prozent Fruchtgehalt (zum Beispiel Apfel oder Karotte) ins Trinkwasser kann das Kaninchen zum Trinken animiert werden.

Die Fütterung sollte ausschließlich aus frischen Zutaten bestehen, die einen ausgewogenen Calcium-Phosphor-Anteil und einen, wenn überhaupt, nur geringen Oxalsäureanteil haben.

Hitzschlag

Zu hohe Temperaturen und direkte Sonneneinstrahlung können leicht zu einem Hitzschlag führen. Das Kaninchen wird apathisch, die Atmung wird sehr flach, der Kreislauf sackt ab. Das Tier ist umgehend an einen kühlen Ort zu bringen. Lebensrettende Erste Hilfe kann die sofortige Kühlung der Ohren und des Körpers mittels feuchter Tücher sein. Der Tierarzt muss schleunigst aufgesucht werden. Infusionen und kreislauffördernde Mittel sind wichtig.

Sohlengeschwüre

Kreisrunde, felllose und oft schmerzhaft entzündete Wunden an den Sohlen der Hinterläufe kommen bei Wildkaninchen selten vor, da diese täglich über verschiedenste Untergründe laufen und der gesamte Ballen immer wieder anders belastet wird. Hauskaninchen leben jedoch meist auf nur einem Untergrund, der noch dazu ebenerdig ist. Zudem treten Sohlengeschwüre gehäuft bei Kaninchen mit Übergewicht und besonders kurzhaarigen Rassen (darunter Dalmatiner-Rex) auf.

Unterschiedliche Bodenstrukturen im Lebensraum der Kaninchen können der Bildung von Geschwüren entgegenwirken. Dazu kann man sowohl in Innen- als auch Außenhaltung den Lebensraum mit mehreren verschiedenen Bodenbelägen ausstatten, zum Beispiel mit Holzterrassenplatten, Teppichläufern, Strohteppichen, Steinplatten, Kieselsteinmatten.

Hauterkrankungen

Vermehrter Juckreiz, kahle, rote, schuppige Stellen oder stumpfes und verfilztes Fell – all das kann auf eine Hauterkrankung durch Parasiten (Milben, Hautpilz, Läuse, Flöhe) hinweisen, die tierärztlich behandelt werden muss. Das Antiparasitikum Frontline® darf laut Herstellerangaben bei Kaninchen weder als Spot-on-Präparat noch als Spray angewendet werden (Lebensgefahr!).

Auch Bisswunden oder sogenannte Leckekzeme können zu Hautreizungen führen und sollten vom Tierarzt begutachtet werden.

Patientenversorgung

Kaninchen sind selten einfache Patienten. Sie sind nicht nur Meister im „Verstecken" von Krankheiten, oft wehren sie sich auch vehement bei der Versorgung mit Medikamenten. Die meisten kranken Kaninchen ziehen sich nach dem Tierarztbesuch und nach Medikamenten-

---

Patientenpflege auf einen Blick

- Bereithalten von frischem Grünfutter und Kräutern.
- Der Patient bekommt absolute Ruhe.
- Partnertiere nur dann entfernen, wenn sie den Patienten stören.
  Trostpartner können guttun (gesundheitsfördernd).
- Der Patient sollte Zugang zu einem Sonnenplatz und einem Schattenbereich haben – das Tier wird wählen, was ihm guttut.
- Sanfte Massagen ohne Druck mit den Fingerspitzen tun gut, wenn der Kaninchenpatient dies zulässt.

gaben erst einmal zurück und suchen Ruhe, um ihre Kräfte neu zu sammeln.

Oft stellt sich die Frage, was alles in eine „Kaninchen-Notfallapotheke" gehört. In erster Linie die Telefonnummer eines Tierarztes, der 24 Stunden erreichbar ist. Alternativ die Telefonnummer und Adresse einer Tierklinik. Auch die Nummer eines Taxiunternehmens sollte parat liegen, falls man selbst kein Auto zur Verfügung hat. Ansonsten sind Inhalte einer Notfallapotheke eher etwas für erfahrene Halter, die ihr Tier in- und auswendig kennen, Erfahrungen mit Erkrankungen haben und sich absolut sicher sind, dass die Gabe eines Notfallmittels vor dem Gang zum Tierarzt dem Tier tatsächlich guttut, statt den Zustand zu verschlechtern.

Folgende Produkte bieten sich an:
- Rohfaserpulver zur Zwangsernährung
- Babybrei (zum Beispiel Frühkarotte) zur Zwangsernährung
- Fenchel- und Salbeitee bei Verdauungsbeschwerden oder Infektionen
- Paraffin- oder Leinsamenöl bei Verdauungsbeschwerden
- Bachblütenmischung „Notfall" zur Beruhigung
- Calendula-Essenz zur Wundreinigung
- Arnica D12 Globuli zur Heilungsförderung bei Wunden

Medikamentengabe

In der Tierarztpraxis sieht die Verabreichung von Medikamenten so einfach aus. Zu Hause angekommen, schlucken Kaninchen allerdings weniger freiwillig ihre Medizin.

Injektionen kann man selbst vornehmen, wenn man sich vom Tierarzt zeigen lässt, wie

Flüssige Medikamente lassen sich gut mit einer Spritze verabreichen. Das sollte langsam geschehen, damit sich das Kaninchen nicht verschluckt (Foto: tierfotoagentur.de/B. Bürkle)

es geht. Man verabreicht sie am besten mithilfe einer zweiten Person, die das Tier fixiert.

Die orale Gabe von Medikamenten gelingt mit etwas Geschick auch ohne fremde Hilfe. Das Kaninchen wird dazu auf dem Boden zwischen den Beinen mit sanftem Druck fixiert. Während eine Hand den Kopf umfasst und das Mäulchen sanft aufdrückt, kann man mit der anderen Hand die Medizin verabreichen.

Tabletten lassen sich mit einem Mörser zermahlen und können dann, in wenig Wasser aufgelöst, in eine Spritze aufgezogen und oral verabreicht werden.

Operationen

Vor anstehenden Operationsterminen kann eine Stärkung des Immunsystems sinnvoll sein. Beim Tierarzt gibt es verschiedene naturheilkundliche Präparate. Die Ernährung vor dem Termin muss aus leicht verdaulicher Kost (nichts Blähendes) bestehen. Kaninchen dürfen übrigens nicht nüchtern zur Operation. Die Gabe von Arnica vor einer Operation kann zu Blutungen führen und ist daher nicht ratsam!

Die Nähe zum Partnertier tut Kaninchenpatienten meist gut. (Foto: Tschöpe)

Zwangsernährung

Nach einer ersten Ruhepause beginnen die meisten kranken Kaninchen mit der selbstständigen Futteraufnahme, wenngleich wenig und selektiv. Besonders frisches Grün aus der Natur, frische und getrocknete Kräuter sowie Blüten werden gern selbstständig gefressen. Häufig wird die sonst so geliebte Leckerei verschmäht, ebenso wie Heu. Wichtig ist, dass das Kaninchen überhaupt frisst, damit sein Kreislauf stabil bleibt. Zwar fressen gesunde Kaninchen fast rund um die Uhr, es ist jedoch keineswegs dramatisch, wenn sie über einige Stunden nichts oder nur wenig zu sich nehmen. Oft wissen sie sehr genau, was ihnen in welcher Menge guttut! Umso wichtiger, dass ein reichhaltiges Angebot an verschiedenen Futtermitteln bereitsteht.

Mit einer Zwangsernährung sollte daher nicht zu früh begonnen werden, besser erst einmal den Patienten beobachten und ihm Ruhe gönnen. Im Fachgeschäft und über den Tierarzt kann man rohfaserhaltiges Pulver beziehen (zum Beispiel Critical Care® von Oxbow Pet Products, Breifutter von JR Farm). Mit Wasser und eventuell püriertem Obst oder Gemüse vermengt, kann man damit einen Brei herstellen. Die ersten Mahlzeiten sollten stark wässrig zubereitet sein, damit der Organismus nicht zu sehr belastet wird.

Partnertiere

Es stellt sich oft die Frage, inwiefern eine räumliche Trennung des erkrankten Kaninchens von seinem Partnertier oder seiner Gruppe sinnvoll ist. Häufig kann ein sehr liebevoller Umgang zwischen den Tieren beobachtet werden. Dies ist förderlich für die Genesung. Genauso gut können kranke Kaninchen aber auch gemobbt werden, was leider zum natürlichen Verhalten gehört. In solchen Fällen ist der Patient zu separieren. Wenn möglich, kann man ihn in Sicht-/Riechkontakt setzen, allerdings nur dann, wenn sich durch die räumliche Nähe keine Aggressionen entwickeln.

Wurde eine ansteckende Krankheit diagnostiziert, hat sich das Partnertier möglicherweise bereits infiziert. Eine Trennung, um Krankheitsübertragung zu vermeiden, macht daher zu diesem Zeitpunkt oft nur noch wenig Sinn.

Die Aufzucht junger Kaninchen ist eine verantwortungsvolle Aufgabe, die viel Fachwissen erfordert. (Foto: tierfotoagentur.de/Jeanette Hutfluss)

Nachwuchs

Es ist verständlich, dass sich sehr viele Kaninchenhalter einmal Nachwuchs wünschen oder mit dem Gedanken spielen, Züchter zu werden. Und auch wer eigentlich keine Kaninchenjungen wollte, kann sich unverhofft mit Nachwuchs konfrontiert sehen: Einmal kurz nicht aufgepasst, und schon kann es bei nicht kastrierten Hauskaninchen passiert sein, denn sie sind fast ganzjährig deckbereit.

Was sehr viele bei einem Zuchtvorhaben unterschätzen, sind der Platzbedarf für die Häsin mit dem Nachwuchs während der ersten Lebenswochen und die mit der Aufzucht verbundenen Kosten (Tierarzt, Ernährung). Auch die anschließende Vermittlung der Jungtiere darf nicht leichtfertig betrachtet werden. Hier geht es um Lebewesen und nicht um Plüschtiere! Sie gehören in liebevolle Hände, die sich tiergerecht um sie kümmern und ihnen einen entsprechenden Lebensraum anbieten. Da es Kaninchen wie Sand am Meer gibt, kann es heutzutage sehr lange dauern, bis ein geeignetes Zuhause für den Nachwuchs gefunden ist.

Paarung und Tragezeit

Während sich Wildkaninchen vor dem eigentlichen Deckakt manchmal über Stunden beschnuppern und umwerben, kann die Paarung von Hauskaninchen in wenigen Minuten vollzogen sein. Zwischen 28 und 34 Tagen ist das Weibchen dann tragend. In dieser Zeit kann es sich dem Partnertier ebenso wie dem Menschen gegenüber aggressiver verhalten.

Die Ernährung der werdenden Kaninchenmutter ist gesund und abwechslungsreich zu gestalten und sollte aus gehaltvoller Kost bestehen (darunter Wurzelgemüse). Wehenfördernde Kräuter wie Petersilie und Schafgarbe sind vor-

> **Wissenswert**
> So einfach die bloße Vermehrung ist, die Zucht von Kaninchen gehört in erfahrene, verantwortungsbewusste Hände. Kenntnisse in Genetik (Vererbungslehre) und Kaninchenzucht müssen zwingend vorhanden sein, ebenso entsprechend geeignete Rassetiere.

Eine Handaufzucht ist sehr zeitintensiv, und es gibt vieles, was man beachten muss. (Foto: animals-digital.de/Lewandowitz)

erst vom Speiseplan zu streichen. Je weiter die Trächtigkeit fortgeschritten ist, umso mehr Ruhe ist der Häsin zu gönnen. Das Herumtragen ist tabu, ebenso sonstiger Stress.

Nestbau

Spätestens einen Tag vor der Geburt, oft jedoch schon etwas früher, beginnt die Häsin mit dem Nestbau. Meist wird als Ort für das Nest ein Unterschlupf gewählt, sofern keine Möglichkeit besteht, einen unterirdischen Bau anzulegen.

Um das Nest weich auszupolstern, rupft sich die Häsin Fell aus Brust (Wamme) und Bauch. Des Weiteren trägt sie Heu und andere geeignete Materialien zum Nest. Sinnvoll ist es, sie in dieser Zeit mit genügend Baumaterial (Stroh, Küchenpapiertücher) zu versorgen.

> **Geschlechtsreif gleich zuchtreif?**
> Nein! Kaninchen sind zwar sehr früh geschlechtsreif und können sich vermehren, ihre körperliche Entwicklung ist jedoch erst mit ungefähr acht Monaten so weit abgeschlossen, dass sie zuchtreif sind. Wird die Häsin zu früh gedeckt oder ist sie älter als zwei Jahre, kann es zu Komplikationen kommen, die nicht selten zu ihrem Tod oder dem Tod des Nachwuchses führen.

Geburt

Die Geburt verläuft im Normalfall mit 14 bis 30 Minuten relativ schnell und oft während der Nachtstunden. Die Zahl der Jungtiere kann zwischen vier und zehn betragen. Kaninchen sind Nesthocker, das bedeutet, sie kommen nackt und mit geschlossenen Augen zur Welt. Wenige Stunden nach der Geburt, wenn die Häsin das Nest verlassen hat, sollte eine Kontrolle durch den Tierhalter erfolgen. Tote Babys und unverzehrte Nachgeburten sollten ebenso wie verschmutzte Einstreu unbedingt entfernt werden.

Aufzucht

Viele Tierhalter, die zum ersten Mal Nachwuchs erleben, befürchten, die Häsin vernachlässige ihre Jungen. Dabei ist es natürlich, dass sie nur einmal in den frühen Morgenstunden, selten zweimal täglich ihren Nachwuchs mit der sehr reichhaltigen Kaninchenmilch säugt. Wer sich unsicher ist, sollte morgens nachsehen, ob die Bäuche des Nachwuchses warm, prall gefüllt und sauber geleckt sind. Sehr junge und unerfahrene Häsinnen können mit der Aufzuch überfordert sein. In diesen Fällen muss der Tierhalter einschreiten und den Nachwuchs pflegen.

Nach ungefähr zehn Lebenstagen öffnen die Jungtiere ihre Augen. Nach 14 Tagen sind sie völlig behaart.

Mindestens zehn Wochen sollten Mutter und Nachwuchs zusammenbleiben. Dies dient der Sozialisierung und Prägung. Danach müssen die Tiere nach Geschlechtern getrennt gehalten werden, um erneuten Nachwuchs zu vermeiden.

Abgabe

Ab der zwölften Lebenswoche können die Jungtiere paarweise oder einzeln zu einem Artgenossen vermittelt werden. Am besten vereinbart man mit dem neuen Halter in einem Schutvertrag einige wichtige Punkte für eine artgerechte Kaninchenhaltung, beispielsweise, wie die Ernährung aussehen soll und wie groß der permanente Lebensraum zu sein hat. Verantwortungsbewusste Tierhalter sollten sich zuvor Gedanken darüber machen, den männlichen Nachwuchs frühkastrieren zu lassen und erst dann abzugeben.

Trennung der Elterntiere
Da die Häsin unmittelbar nach der Geburt erneut deckfähig ist, müssen Rammler und Häsin bereits vor der Geburt getrennt voneinander gehalten werden.

Scheinträchtigkeit

Wurde den Kaninchen die Möglichkeit der Vermehrung genommen (durch Kastration des Rammlers oder indem nur gleichgeschlechtliche Tiere zusammen gehalten werden), können Weibchen eine sogenannte Scheinschwangerschaft zeigen. Sie verhalten sich dann so, als wären sie tragend. Dieser Zyklus ist ein- bis zweimal pro Jahr normal. Bei sehr jungen Häsinnen legt sich dieses Verhalten meist mit Vollendung der Pubertät.

Bedenklich wird es erst, wenn adulte Häsinnen ständig wiederkehrend scheinschwanger werden und die Abstände zwischen den Scheinschwangerschaften sehr kurz sind. Dann ist es ratsam, eine Gebärmutterkastration inklusive Entfernung der Eierstöcke zu veranlassen oder zumindest mittels Ultraschall diese Organe auf mögliche Veränderungen hin überprüfen zu lassen. Regelmäßige vorsorgliche Hormonbehandlungen sind abzulehnen!

Falsch ist, dass einmal gedeckte Häsinnen seltener unter Scheinschwangerschaften leiden.

Viele ältere Kaninchen haben ein erhöhtes Ruhebedürfnis. (Foto: Vogel)

Kaninchen im Ruhestand

Wie jedes Lebewesen kommt auch ein Kaninchen irgendwann in die Jahre. Manchmal bemerkt man erst beim Nachrechnen, dass das geliebte Langohr bereits zu den Senioren gehört. Viele Kaninchen verhalten sich selbst im Rentneralter unverändert und sind fit wie eh und je.

Damit das noch lange so bleibt, sollten ältere Kaninchen gesund ernährt und altersgerecht gehalten werden. Unnötiger Stress ist zu vermeiden, da dieser im Alter meist wesentlich schlechter verarbeitet wird.

Die Lebenserwartung liegt zwischen sechs und zwölf Jahren, und vereinzelt gibt es Kaninchen, die noch älter werden. Eine Formel, mit der man Kaninchenjahre in Menschenjahre umrechnen kann, gibt es nicht. Jedoch ist ein sechs Jahre altes Kaninchen bereits dem älteren Semester zuzuordnen, was etwa 60 Menschenjahren entspricht.

Aufhalten kann man das Altern nicht – es ist ein Lebensabschnitt. Man kann allerdings vieles tun, um dem Senior einen wunderbaren Lebensabend zu bereiten.

Folgende Alterserscheinungen sind möglich:
- Höheres Schlafbedürfnis
- Veränderter Körperbau (Gewichtsverlust, scheinbares Hervortreten der Wirbelsäule)
- Glanzlose Augen, matte Pupillen, grauer Star
- Veränderungen der Zähne (Braunfärbung, lockere Zähne)
- Spröde Krallen
- Muskelschwäche durch zurückgegangene Bewegungsfreudigkeit
- Unsauberkeit, insbesondere beim Urinieren
- Schwächeres Immunsystem
- Verlangsamter Stoffwechsel

- Erhöhte Kälteempfindlichkeit, Aufsuchen eher warmer und geschützter Plätze

Dinner für Oldies

Die Fütterung sollte energiereich (Wurzelgemüse) und sehr abwechslungsreich sein und aus möglichst vielen frischen Zutaten bestehen. Daneben dürfen getrocknete Kräuter angeboten werden, die sehr viele Senioren lieber fressen als Heu. Ein Augenmerk ist außerdem auf ein optimales Gewicht zu legen. Einige Gramm mehr als in jüngeren Jahren sind durchaus in Ordnung, es sollte jedoch keinesfalls in Übergewicht ausarten. Mancher Senior tut sich beim Fressen leichter, wenn man das Futter für ihn klein schneidet oder raspelt. Dies ist in der Regel aber nur dann erforderlich, wenn altersbedingt Zahnprobleme vorhanden sind.

Altersgerechter Lebensraum

Treten erste Altersbeschwerden auf, gibt es vielfältige Möglichkeiten, diese zusammen mit Tierarzt und Tierheilpraktiker zu behandeln. Außerdem ist es äußerst sinnvoll, den Lebensraum des Seniors altersgerecht zu gestalten. Bestehen Gelenkerkrankungen, sind beispielsweise Sprünge von erhöhten Ebenen hinunter auf den Boden tabu. Sie würden Schmerzen verursachen und könnten den altersbedingten Verschleiß fördern. Eine Stufe oder Rampe kann hier Abhilfe schaffen. Lässt die Sehkraft nach, sollte der Lebensraum nicht mehr umgestaltet werden, damit sich das Kaninchen weiterhin gut zurechtfindet. Viele ältere Kanin-

Kräutertrio

Studien haben gezeigt, dass das Kräutertrio „Oregano, Rosmarin und Thymian" nicht nur die Darmflora sehr positiv beeinflusst, sondern auch weitere gesunde Eigenschaften besitzt. Diese Kräuter hemmen das Krebsrisiko, helfen bei Herzerkrankungen und können Darmparasiten bekämpfen.

> **Fitness für graue Zellen**
> Ein mit duftenden Leckereien gefüllter Snackball kann die Senioren dazu animieren, sich zu bewegen. Bewegung ist für alte Kaninchen sehr wichtig, damit die Muskeln weiter beansprucht werden und sich nicht zu schnell abbauen.

Einen lieben Freund auf seinem letzten Weg zu begleiten, ist nie leicht. (Foto: Tschöpe)

chen sind sehr zugluftempfindlich und frieren schneller. Mehrere warme und geschützte Plätze dürfen nicht fehlen.

In der Ruhe liegt die Kraft

Senioren ruhen wesentlich mehr und benötigen diesen Schlaf, um ihre Kraftressourcen aufzufüllen. Solche faulen Phasen sind bei einem sehr alten Kaninchen seltener ein Hinweis auf eine Erkrankung. Ist man sich jedoch unsicher, sollte der Tierarzt aufgesucht werden.

Abschied nehmen

Und irgendwann ist der Moment da, vor dem man während all der Jahre mit seinem geliebten Langohr Angst hatte. Selbst wenn der Verstand weiß, dass Sterben zum Leben gehört, so ist das Adieusagen doch schmerzhaft. Ist dieser Zeitpunkt erreicht, sollte man in liebevoller Fürsorge für sein Tier da sein und es auf seinem letzten Weg begleiten.

Während viele Kaninchen ohne fremde Hilfe ganz von selbst sterben, ist es manchmal notwendig, den Tierarzt zu rufen. Viele Ärzte führen die Sterbehilfe (Euthanasie) beim Tierhalter zu Hause durch, was nicht nur für das Kaninchen angenehmer ist.

Wer in einem eigenen Haus mit Garten lebt, möchte sein Tier meist dort beerdigen. Mit der jeweiligen Gemeinde sollte rechtzeitig im Vorfeld geklärt werden, ob das Begraben von Haustieren auf eigenem Grund und Boden überhaupt gestattet ist. Wem diese Möglichkeit fehlt, der kann sein Kaninchen in einem Tierkrematorium einäschern lassen und in einem Urnengefäß mitnehmen. Tierfriedhöfe sind eine weitere Alternative, den Körper des Kaninchens zur Ruhe zu betten.

Anhang

Literatur

Aretz, Kathrin: Kaninchen, Oryctolagus cuniculus f. dom.
Münster: Natur und Tier-Verlag, 2009

Boback, Alfred Willy: Das Wildkaninchen.
Hohenwarsleben: Westarp Wissenschaften Verlagsgesellschaft, 2004

Ewringmann, Anja: Leitsymptome beim Kaninchen.
Stuttgart: Enke Verlag, 2010

Rühle, Andreas: Kaninchen würden Wiese kaufen. Norderstedt: Books on Demand, 2009

Schlolaut, Wolfgang: Das große Buch vom Kaninchen. Frankfurt: DLG Verlag, 2003

Tschöpe, Sonja: Alternative Therapien für Kaninchen.
Norderstedt: Books on Demand, 2010

Wilde, Christine: Leben mit Kaninchen.
Münster: Natur und Tier-Verlag, 2008

Empfehlenswerte Internetseiten

Kanincheninformationen
www.bunny-in.de
www.die-kaninchen-info.de
www.nie-allein.de
www.kaninchengehege.com
www.medirabbit.com

Kaninchenforum
www.kaninchenforum.com

Kaninchenzubehör
www.just4bun.de
www.kleintierbistro.de
www.kaninchenladen.de
www.hasenhaus-im-odenwald.de

Kaninchenschutzorganisationen
www.kaninchenschutz.de
www.kaninchenhilfe.com
www.sweetrabbits.de
www.bunnyhilfe.de

Danksagung

Ein herzliches Dankeschön an den Cadmos Verlag und meine Lektorin Maren Müller, denen die Entstehung und Veröffentlichung dieses Ratgebers genauso sehr am Herzen lag wie mir.

Danke an alle, die mich stets darin bestärkt haben, mich für Kaninchen einzusetzen. Insbesondere danke an die Tierarztpraxis Dr. Zott & Dr. Bangerter für den stets sehr lehrreichen Austausch.

Stichwortregister

Aggression 31, 32
Alterserscheinungen 76
Atemfrequenz 17
Außengehege .... 38 ff.
Blinddarmkot 18, 52
buddeln 56
Durchfall 24, 49, 50, 65, 66
Einstreu 43
Erziehung 51
Euthanasie 77
Feldhase .... 13 f., 62
Fellpflege 53, 54, 59
Fellrupfen 56
Fellwechsel 18, 53, 59
Freilauf .... 33 ff.
Fressfeinde 13, 39, 41
Giftpflanzen 35, 39, 41
Grünfutter 46
Gruppenhaltung 26
Haken schlagen 55
Hasenpest 62
Häsin .... 27, 74 ff.
Herzfrequenz 17
Heu 46
Juckreiz 34, 69
Kaninchenrassen 15
Kaninhop 57
Kastration 25, 74
Kieferabszess 66
Kinder 21
Kaninchenschnupfen 61
knurren 56
Kopfschiefhaltung .... 67 f.
Körpertemperatur 18
Lebenserwartung 13, 76
markieren 12, 19, 31, 54

Meerschweinchen 22
Myxomatose 11, 13, 62
Nestbau 56, 73
Nesthocker 13, 73
Nippeltränke 42
Paarhaltung 25
Rabbit Hemorrhagic Disease (RHD) 62
rammeln 31, 54, 55
Rammler .... 25, 27 f.
Rangordnung 31, 52, 54, 55
scharren 56
Scheinschwangerschaft ..... 52, 55, 56, 74 f.
Schiefhals .... 67 f.
schreien 56
Stallhase 14
Stubenreinheit 43
Tierheim 23
Trächtigkeit .... 55, 56, 73 f.
Transport 26, 64, 65
Transportbox 26, 65
Trockenfutter .... 49 f.
Tularämie 62
Verdauung .... 18, 24, 49, 66 f.
Verdauungsbeschwerden ....
.... 35, 43, 47, 48, 50, 53, 64, 66 f, 70
Vergesellschaftung 28, 31, 32
wälzen 53
Wildkaninchen .... 10 ff., 45, 48, 59, 62, 69, 72
wimmern 56
Winterfell 18, 53
zähmen 28
Zahnabrieb 17, 47, 50
Zähne .... 17, 49, 65 f, 76
Zähne aufeinandermahlen 56
Zwergkaninchen 10

CADMOS
HEIMTIERBÜCHER

Bernd Wolff
LANDSCHILDKRÖTEN

Mit ihrer viele Millionen Jahre zurückreichenden Geschichte sind Schildkröten faszinierende Lebewesen, für deren Haltung sich immer mehr Menschen interessieren. Anschaulich aufbereitet präsentiert der Autor den aktuellen Kenntnisstand über Aufzucht, Pflege und Gesunderhaltung von Landschildkröten und gibt unzählige wertvolle Tipps für die Praxis.

80 Seiten, farbig, broschiert
ISBN 978-3-8404-4008-3

Claudia Biermann
IGEL GEFUNDEN -WAS NUN?

Nicht jeder Igel braucht im Herbst die Hilfe des Menschen. Doch manche der kleinen Wildtiere können nur über den Winter kommen, wenn wir sie bei uns aufnehmen, ihnen ein Schlafquartier und die richtige Pflege bieten. Sehr übersichtlich strukturiert und fachlich fundiert ist dieses Buch ein unverzichtbares Werk für jeden, der einen Igel bei sich zu Hause überwintern lassen möchte.

80 Seiten, farbig, broschiert
ISBN 978-3-86127-079-9

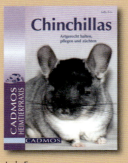

Judy Fox
CHINCHILLAS

Chinchillas haben längst einen festen Platz im Herzen vieler Heimtierfreunde. Nicht immer aber entsprechen die Haltungsbedingungen der natürlichen Lebensweise. Dieser Ratgeber informiert über die richtige Haltung, Ernährung und Beschäftigung, gibt Tipps für die Käfigeinrichtung und den sicheren Chinchilla-Auslauf und setzt sich auch für den Artenschutz ein – denn in freier Wildbahn stehen Chinchillas kurz vor dem Aussterben.

80 Seiten, farbig, broschiert
ISBN 978-3-86127-085-0

Dr. Gabriele Lehari
ZWERGKANINCHEN

Zwergkaninchen gehören nach Hund und Katze zu den häufigsten Heimtieren und sind besonders bei Kindern als Kuschel- und Spieltiere beliebt. Wie ihre wilden Vorfahren sind aber auch sie sozial lebende Tiere und fühlen sich nur in Gesellschaft von Artgenossen richtig wohl. Wie Sie ihnen im eigenen Heim ein möglichst artgerechtes Leben bieten können und worauf Sie bei ihrer Pflege und Ernährung achten müssen, erfahren Sie in diesem Buch.

32 Seiten, farbig, broschiert
ISBN 978-3-86127-071-3

Yvonne Lantermann
MEERSCHWEINCHEN

Meerschweinchen sind besonders bei Kindern sehr beliebte Heimtiere. Sie sind pflegeleicht, robust und langlebig. Doch trotz ihrer scheinbaren Anspruchslosigkeit sollte man diesen hochsozialen Tieren ein möglichst artgerechtes Leben in Gesellschaft von Artgenossen bieten. In diesem Buch erfahren Sie worauf man dabei achten muss und wie man am besten mit diesen liebenswerten Tieren umgeht.

32 Seiten, farbig, broschiert
ISBN 978-3-86127-072-0

Cadmos Verlag GmbH · Möllner Straße 47 · 21493 Schwarzen
Telefon 04151 87 90 70 · Fax 04151 87 90 7-12
Besuchen Sie uns im Internet: www.cadmos.de